KiWi
1319

Das Buch

Mehr als eine Million Deutsche verbringen »die kostbarsten Wochen des Jahres« auf See. Mit steigender Tendenz. Warum? Weil es amüsant ist. Und aufregend. Und einfach schön. Genießen Sie unterhaltsame und informative Geschichten von Bord größerer und weniger großer Pötte. Kleinere Malheure und größere Fauxpas. Wohlportioniert und alphabetisch geordnet.

Nicht jedem Frischling auf See sind die mehr oder weniger geheimen Regeln und Gesetze an Bord eines Schiffes geläufig. Oft sind es Kleinigkeiten, die den Aufenthalt sehr viel schöner und angenehmer machen. Die einen plötzlich Dinge sehen und genießen lassen, die man leicht übersehen kann.

Ein Buch für erfahrene Seebären und unbedarfte Landratten. Die einen kommen hier ins Träumen oder da ins Schmunzeln, und für die anderen ist es ein angenehmer Trockenkurs. Also in Gedanken auf die Planken. »Leinen los!« Wir legen ab.

»Ship, ship, hurra! Diese Bettlektüre für den Kreuzfahrer gehört in jede Kabine.« *stern.de*

»Wenn Sie das nötige Kleingeld für die Kreuzfahrt gerade nicht haben – die Lektüre von Lukoschiks Buch ist mindestens genauso amüsant. Und macht auch nicht seekrank.« *Bayerischer Rundfunk*

»Das Handbuch zum Leben an Bord.« *FAZ*

Der Autor

Andreas Lukoschik hat als Gast, als Gastgeber und als professioneller Reisebegleiter die sieben Weltmeere befahren. Als ebenso interessierter wie amüsierter Beobachter lotete er dabei vor allem die Untiefen seiner Mitreisenden aus. Höchst diskret, versteht sich. Das abgeschlossene Studium der Psychologie half bei der Versuchsanordnung und diente der »wissenschaftlichen Objektivität«.

ANDREAS LUKOSCHIK

Schläft das Personal auch an Bord?*

EIN KREUZFAHRT-ABC

Mit amüsanten Geschichten
und hilfreichen Betrachtungen
vom Leben auf den Planken,
die die Welt umrunden

* die Antwort finden Sie
unter »C wie Crew«

Kiepenheuer & Witsch

Eine wunderbare Reise
und
»Immer eine Handbreit Wasser unterm Kiel«
wünschen der Autor
und

....

....

....

Ein kleiner Tipp zu Beginn Ihrer Reise:
Gehen Sie an einer beliebigen Stelle dieses
Buches an Bord, schippern Sie sodann kreuz und quer
durch die Seiten und vertiefen Sie sich in das,
was Sie interessiert.

Wie bei einer Kreuzfahrt!

Für Irmgard, Nita und Max

Inhalt

Vorwort

Verehrte Leserin und ebensolcher Leser, vielleicht stellen Sie sich die Frage, wie man als normaler Mensch ein Buch über Kreuzfahrten schreiben kann. Eine berechtigte Frage, die ich mir auch stellen würde, hätte ich dieses Buch nicht selbst geschrieben.

Die Antwort: Im Laufe der letzten Jahre habe ich zwei Dutzend Kreuzfahrten genossen. Jetzt fragen Sie sich natürlich als Nächstes, wie man als normaler Mensch knapp zwei Dutzend Kreuzfahrten machen kann. Na ja, ganz normal bin ich nicht. Zumindest sagen das die anderen. Eine Opernsängerin zum Beispiel. Die fragte mich nämlich eines Tages, ob ich denn auch Kreuzfahrten »mache«. Ich wusste nicht, was sie damit meinte, und sie erklärte es mir: als Künstler auf Schiffen aufzutreten. Sehen Sie, ich bin in der Schule dazu erzogen worden, Fakten auf ihre Vernunftaspekte hin zu prüfen und, wenn sie mir einleuchten, sie mir zu eigen zu machen. Und auf die Frage dieser befreundeten Opernsängerin fiel mir kein vernünftiges Gegenargument ein. So bewarb ich mich als Moderator bei der ersten Reederei. Redereien sind nämlich meine Spezialität.

Das erste Schiff, auf dem ich meinen Dienst antreten sollte, lag im glamourösen Hafen von Monte Carlo und war die *(nicht meinetwegen)* inzwischen außer Dienst gestellte Maxim Gorkiy. Ein herrlicher Early-Sixties-Dampfer, mit dessen Einrichtung man mehrere Folgen von »Mad Man« hätte ausstatten können. Aber beinahe wäre es nicht zur ersten Inaugenscheinnahme dieser grandiosen Innenausstattung gekommen, denn am Bug dieses Schiffes prangte da, wo andere Schiffe früher die Galionsfigur hatten, ein gewaltiger roter Stern. Maxim Gorkiy eben.

Als meine Frau den roten Stern sah, war es aus bei ihr. »Dieses Schiff betrete ich nicht. Meine ganze Familie hat so lange unter diesem roten Ding gelitten. Da kriegen mich keine zehn Pferde drauf!« Sie müssen wissen, die Frau, die ich liebe, ist Ungarin – sowohl was den historischen Hintergrund als auch ihr Temperament betrifft.

Was also tun? Gute Männer hören ja auf ihre Frauen – und ringen schweigend in sich beklemmende Fantasien nieder, die von Regressansprüchen durch die Reederei handeln, weil man ja einen Künstlervertrag unterschrieben hat, der die Arbeitsaufnahme zu einer bestimmten Zeit vorschreibt. Nämlich genau hier und jetzt im schönen Hafen von Monte Carlo.

»Kommt Zeit, kommt Rat«, sprach der selten in mir zu Wort kommende Weise, und so drehten wir auf dem Kai um und setzten uns an die Bar des »Hotel de Paris«. Dort »besprachen« wir das weitere Vorgehen. Bis wir uns dann erneut dem am Pier vertäuten Schiff näherten, waren einige Cocktails über das edel polierte Barholz dieses noblen Hauses gereicht worden, und meine Frau war durch die Möglichkeit »runter können wir immer!« besänftigt.

Und so gingen wir an Bord und hatten unsere erste herrliche Reise auf den Planken, die die Welt umrunden. Drei Sterne mit so wenig »rot«, dass es noch nicht mal für einen winzigen Zacken gereicht hätte. Aber viel wichtiger war bei dieser ersten Reise: Das Meer hatte uns gepackt. Im Laufe der Jahre folgten Expeditionsschiffe, feine Großsegler, Fünf-Sterne-Luxusliner, aufregende Linienschiffe und kleinere Dampfer, die uns inzwischen auf alle sieben Weltmeere führten. Als Gast, als Gästebegleiter und als Journalist.

Damit war die Basis geschaffen, dieses Buch zu schreiben. Dabei habe ich vieles gesehen und einiges gelernt. Über Schiffe, ihre Besatzungen und ihre Passagiere. UND: über die ungeschriebene Etikette, die man nicht einhalten muss, über die man sich aber erst amüsieren kann, wenn man sie kennt. Kurz: Ich möchte Ihnen ein paar Hinweise geben, wie Ihre erste bzw. nächste Seereise vielleicht ein halbes Beaufort schöner oder interessanter werden könnte.

Vor allen Dingen will ich Ihnen aber Appetit machen auf Meer. Und die Planken, die die Welt umrunden. Schlagen Sie also das Buch auf und beginnen Sie bei dem Thema, das Sie am meisten interessiert. Alles Weitere ergibt sich. Wie bei einer Seereise.

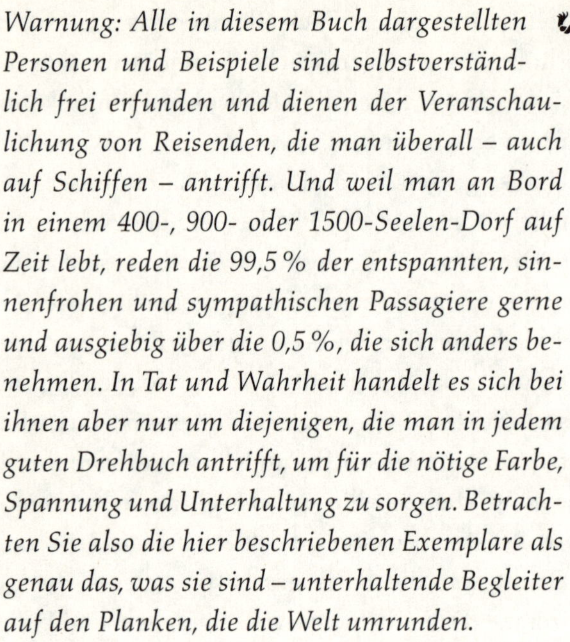

Warnung: Alle in diesem Buch dargestellten Personen und Beispiele sind selbstverständlich frei erfunden und dienen der Veranschaulichung von Reisenden, die man überall – auch auf Schiffen – antrifft. Und weil man an Bord in einem 400-, 900- oder 1500-Seelen-Dorf auf Zeit lebt, reden die 99,5 % der entspannten, sinnenfrohen und sympathischen Passagiere gerne und ausgiebig über die 0,5 %, die sich anders benehmen. In Tat und Wahrheit handelt es sich bei ihnen aber nur um diejenigen, die man in jedem guten Drehbuch antrifft, um für die nötige Farbe, Spannung und Unterhaltung zu sorgen. Betrachten Sie also die hier beschriebenen Exemplare als genau das, was sie sind – unterhaltende Begleiter auf den Planken, die die Welt umrunden.
Sollten Sie, verehrte Leserin bzw. geschätzter Leser, dennoch vermuten, Sie wären einer der hier dargestellten Personen schon einmal real auf einem Kreuzfahrtschiff begegnet, so seien Sie willkommen an Bord der ›MS Fantasie‹.

Achterdeck

Das Achterdeck steht zwar in diesem Buch ganz vorne, ist aber beim Schiff ganz hinten. *(Und steht hier für alle, die gerne Magazine und Zeitschriften von hinten lesen.)*

Das Achterdeck zählt zu den schönsten Plätzen an Bord und hat eine besondere Magie. Denn zu welcher Tages- oder Nachtzeit man auch immer zu diesem Deck gelangt, man sieht, wie die Schrauben das Meer aufwühlen und Wellen hervorstrudeln, die sich in immer neuen Formen und Gestalten brechen, um sich mit Gischtkronen geschmückt in ein unendliches Band aus nahezu stillem Wasser zu verwandeln.

Und so steht man auf dem Achterdeck, schaut versonnen in die sprudelnde Vielfalt der Wellen und ahnt das Gleichnis des Lebens: Aus aufgewühlter See wird ein stilles Band an Erinnerungen, das sich zum Horizont hin verliert.

Wie sang Hans Albers doch noch:

»*Wer noch niemals in lauschiger Nacht*
einen Achterdeckbummel gemacht,
ist ein armer Wicht,
denn er kennt Dich nicht, ...«

Oder so. Auf jeden Fall greifen kluge Schiffbauer diesen stillen Zauber des Achterdecks auf und setzen für laue Abendstunden an Bord noch einen drauf – mit einer gepflegten (!) Bar. Dort oben stehen – ein Glas mit einem 16 Jahre alten Lagavulin in der einen Hand und eine Havanna in der anderen – Heaven.

Aber auch Nichtraucher und Teetrinker schlürfen da die milde Abendluft, während das Auge den Horizont streift und ahnt, wie in der Dämmerung das Blau des Meeres mit dem Grau des Himmels verschmilzt – oder auf der prachtvollen Skyline von Hongkong ruht. Oder worauf auch immer. Hier weiß man, dass das Leben groß sein kann. Und bekommt eine wohlige Gänsehaut.

Natürlich gibt es auch andere Möglichkeiten, ein Achterdeck zu gestalten. In jedem Fall darf ihnen aber nicht die abendliche Stille fehlen, z. B. indem dort getanzt wird oder andere Jubel-Trubel-Aktionen stattfinden. Bitte nicht. *(Falls dieses herrliche Fleckchen Schiff dennoch stark frequentiert ist, hilft auch ein Besuch zu einer Zeit, wo alle anderen gerade essen oder schlafen.)* Denn Stille ist für die innere Dimension des Achterdecks wichtig. Durch sie wird die Bewegung des Schiffes nach innen gelenkt. Das Schiff fährt vorwärts und man schaut rückwärts, auf das, was hinter einem liegt. Wie von einem Berg hinab auf den Weg, den man beim Aufstieg zurückgelegt hat. Dann ist kein »du musst noch« im Weg. Kein Ziel verengt die Aufmerksamkeit. Dann gibt es nur noch den Blick auf das, was hinter dir liegt. Und das erfüllt mit großer Ruhe.

Vielleicht fällt einem dabei die eine oder andere Begebenheit aus der Vergangenheit ein. Man schaut sie sich noch einmal an. Betrachtet sie mit den vielen Erfahrungen, die man inzwischen gemacht hat, sieht sie so, wie man sie zuvor noch nicht gesehen hat – und schließt Frieden mit ihr.

Und währenddessen strudelt das Wasser fort in die Unendlichkeit des Meeres.

In solchen Momenten vermute ich, dass es einen Zusammenhang gibt zwischen der Faszination des Meeres und der Tatsache, dass der menschliche Körper zu zwei Dritteln aus Wasser besteht. Vielleicht ist es auch nur Spinnerei. Aber mir gefällt dieser Gedanke.

Allein reisen

Einzelreisende sollten – ehe sie an Bord gehen – zuerst einmal in sich gehen. Und dort *(also im geheimen Kämmerlein ihres Inneren)* die Frage klären: Mache ich eine Single- oder eine Solo-Reise? Die Antwort definiert die Erwartungen an das Reisegeschehen ganz entscheidend. Wirft doch die Single-Reise Fragen auf, die unter »E wie Eros« behandelt werden und auf das WER, WANN und WO zielen. Zu ihrer Beantwortung begeben sich Single-Reisende ins Netz, um dort vorab gleichgesinnte Reisepartner zu finden *(bei Google zu finden unter »Reisepartner Kreuzfahrt gesucht«)*, oder verlassen sich auf die geheimen Kräfte des Meeres und Erlebnisse, wie sie unter »B wie Bordbar« nachzulesen sind.

Sollte das Ergebnis der inneren Befragung jedoch zum Ergebnis »Solo-Reise« kommen, finden Sie hier 5 Gedanken, die der Alleinreisende in seinem Herzen bewegen sollte und der Frage folgen »WARUM EIGENTLICH NICHT?«:

1. Ist es nicht wundervoll, eine Kabine ganz für sich allein zu haben? Keiner lässt seine Schuhe mitten im Raum stehen, niemand verräumt die Sachen im Bad. Und erst recht schnarcht niemand und stört

die eigenen süßen Träume. Man hat Platz, ist Herr (oder Frau) im eigenen Reich und kann tun und lassen, was man will. Und das nicht nur dort! Denn, liebe Alleinreisende:

2. Kein Mensch kennt Sie auf diesem Schiff – und Sie werden vermutlich auch nie wieder jemanden von dieser Reise treffen. Warum also nicht mal richtig Gas geben und Verrücktes tun? Wie singen wir doch alle gerne auf den Stühlen stehend mit Udo Jürgens:

»Ich war noch niemals in New York,
ich war noch niemals auf Hawaii,
ging nie durch San Francisco in zerriss'nen Jeans.
Ich war noch niemals in New York,
ich war noch niemals richtig frei,
➢ *einmal verrückt sein und aus allen Zwängen flieh'n.«* ➣

JETZT ist genau die richtige Zeit dafür! Fliehen Sie aus Ihren Zwängen.

Sie müssen ja nicht gleich nackert am Pool entlangflitzen und zum Schrecken des Schiffes werden. Aber einen »Arschbomben«wettbewerb am Pool vom Zaun zu brechen, verschafft Ihnen zweifelsfrei einen hohen Wiedererkennungswert und Sympathie in vergnügten Kreisen an Bord.

Tun Sie einfach das, was Sie schon immer tun wollten, aber bisher zu schüchtern waren, in die Tat umzusetzen. Singen Sie Karaoke, nehmen Sie an Tanzkursen teil, fangen Sie am Golfsimulator mit dem Golfen an, machen Sie Kochkurse beim Chef. Niemand stoppt Sie, niemand stört Sie, niemand murmelt: »Das kannst du doch nicht machen!« Im Gegenteil: Sie können's. Also »Leinen los« und geben Sie Gas. Sie sind hier, um Spaß zu haben!

3. Dazu gehört auch, dass man sich im Restaurant nicht an einen Tisch setzen lässt, an dem andere schon tafeln. Da kommt man sich doch wie das fünfte Rad am Wagen vor. Als ob man um Herberge gebeten hätte. Verkaufen Sie sich nicht unter Wert! Sie haben tief in die Tasche gegriffen, um diese Kreuzfahrt machen zu können *(Einzelkabinen sind teurer als Doppelkabinen – bei manchen Schiffen sogar um 90%)*, da werden Sie doch jetzt nicht darum bitten, bei anderen unterschlüpfen zu dürfen. Nix da: Lassen Sie sich einen Tisch für sich allein geben – an den können Sie Gäste Ihrer (!) Wahl bitten. Oder es auch lassen. Und stattdessen in einem schönen Buch beim Abendessen amüsiert schmökern – und alle diejenigen neidisch machen, die sich mit Mitessern unterhalten müssen, die wortkarg, langweilig oder schwatzhaft sind.

4. Gehen Sie zu den Solo-Cocktails an Bord. Da treffen Sie andere Damen und Herren, die ähnliche Vergnügen pflegen *(oder dazu bewegt werden wol-*

len), und machen Sie eine Mädelsrunde auf *(oder wahlweise eine Jungstruppe)*. Mit denen können Sie dann an Land was unternehmen. Zum Beispiel

5. indem Sie mit ihnen – oder auch allein – bei Overnight-Stopps in Clubs und Bars gehen, die auch von der Crew aufgesucht werden. Betrachten Sie die jungen Leute von Bord aber nur als Qualitätssiegel – und lassen Sie sie dann in Ruhe feiern. Näherer Kontakt ist denen nämlich meist strikt untersagt und kann die netten Jungs und Mädels ihren Job kosten. Das wollen Sie ja nicht. Aber selber feiern kann Ihnen niemand verbieten.

Wenn Sie sich darüber klar geworden sind, dass Sie die Planken Ihres Luxusliners auf diese Weise höchst vergnüglich nutzen können – sobald Sie sich dazu entschlossen haben –, werden Sie jedes Schiff zu IHREM Schiff machen. Und Sie werden es lieben. Und zwar in jedem Alter!

Amerikanische Schiffe

Die größten Schiffe, die die Ozeane befahren, werden hauptsächlich für den amerikanischen Markt eingesetzt. Einer dieser Trümmer ist die Allure of the Seas mit Platz für 5400 Passagiere. Eine Größe, die einem Angst machen kann. Aber der Amerikaner an sich hat ja ein anderes Verhältnis zu Stil und Entspannung. Sonst gäbe es dort auch nicht riesige Casinos an Bord oder Hallen, in denen man sich auf Bull-Race-Automaten Teppiche von blauen Flecken holen kann.

Wollte man die zigtausend Kabinen zählen, die auf amerikanischen Schiffen über die Weltmeere schippern, würde man schnell die Übersicht verlieren, weil monatlich ein neuer Riesenpott zu Wasser gelassen wird, der – wie die anderen auch – ruck, zuck gut gebucht ist.

Angesichts solcher Transport-Kapazitäten kann man deshalb mit Recht behaupten, dass der amerikanische Mensch ein »Cruiser« sei. Seine Faszination für Kreuzfahrten hat viele Ursachen. Eine ist zweifelsfrei die Tatsache, dass man auf einem Schiff quasi in der Kultur des eigenen Landes bleibt, obwohl man durch die Karibik pflügt oder an Mexikos Ufern entlangdampft.

Diese nachvollziehbare Neigung, einer vertrauten Welt den Vorzug zu geben, treibt bisweilen aber auch merkwürdige Blüten. Dann nämlich, wenn sie auf die Folgen eines in der Kindheit nur oberflächlich genossenen Bildungsangebotes trifft, das sich im Laufe des Lebens durch profundes Halbwissen zu einer »sehr komprimierten« Weltsicht verdichtet hat. Dann verlassen Sätze wie die folgenden die Münder zahlender US-Kreuzfahrtgäste:

- »Japaner werden total überschätzt. Hören Sie mal, wie smart kann denn jemand sein, wenn er noch nicht mal Amerikanisch spricht wie jeder normale Mensch?«

- »Ob Sie das glauben oder nicht, aber die Schwarzen in Afrika hassen Schwarze. Yeah! Die haben ein ganzes Land, das ›Niger‹ heißt. So was nenne ich Rassismus!«

- »Die Franzosen sind alles Weicheier. Die haben doch seit 1700 keinen einzigen Krieg mehr gewonnen.«

- »Wussten Sie, dass die Österreicher dieselbe Sprache sprechen wie Hitler?«

- »Wenn Sie nach Saudi-Arabien gehen, dann wollen die, dass man einen Schleier trägt. Ja! Auch als Kerl!«

- »Sydney können Sie komplett vergessen. Da sehen Sie nicht ein einziges Känguru. Nicht ein einziges!«

- »Die ganze Welt ist doch nur eine Kopie von Amerika. Soll ich es Ihnen beweisen? Okay, Sie wissen sicherlich, dass es in Georgia ein Rome gibt. Und was machen die Italiener? Die kopieren uns und nennen ihre Hauptstadt so. Dasselbe mit Paris, Texas, und den Franzosen. Oder Berlin, New Jersey, und den Deutschen. Und das nennt sich dann das alte Europa. Kopien sind das, sonst nix.«

Schade, dass nicht alle Amerikaner solche Bonmots abliefern. Sie könnten so viel zur Heiterkeit auf unserer Welt beitragen!

Nun soll man aber nicht denken, dass auf amerikanischen Schiffen nur Passagiere unterwegs seien, die die bürgerlichen Bildungsinstitutionen vom Flur aus genossen haben. Keineswegs. Hier eine kleine Ehrenrettung:

Der amerikanische Mensch ist ja relativ geduldig, wenn es darum geht, sich brutale Schießereien mit detaillierter Sprengung von einzelnen Gliedmaßen und anderen Grausamkeiten anzuschauen. Auf alles, was sich jedoch um die Entstehung menschlichen Lebens dreht, reagiert er hingegen ausgesprochen feinsinnig und sensibel. Deshalb empören ihn *(und sie noch viel mehr)* alle Themen, die mit Sexualität im weitesten Sinne zu tun haben. Darauf muss eine amerikanische Schiffsleitung natürlich Rücksicht nehmen – z.B. indem sie ihr Personal in dieser Hinsicht schult. Wieso das hier erwähnt wird? Lesen Sie weiter.

Eine Dame mittleren Alters pflegte sehr früh an Bord aufzustehen, den Gemahl noch selig schlummern lassend, um sich ein Muffin und einen Kaffee in ihrer Thermostasse zu besorgen und es sich am Heckpool der Star Princess bequem zu machen. Dort mümmelte sie ihren Muffin, genoss die Seeluft und freute sich des Lebens. Ein Offizier des Schiffes pflegte dieselbe Angewohnheit, sagte artig »Guten Morgen« und platzierte sich unweit der Passagierin, um ebenfalls schweigend seinen Morgenkaffee zu sich zu nehmen. Währenddessen schwamm ein älterer Herr seine Runden im Heckpool des Schiffes, entstieg dann den Fluten und trocknete sich mit einem Badehandtuch ab. So weit, so gut.

Nun wollte sich der Schwimmer aber die nasse Badehose ausziehen, was ihm unter dem Handtuch auch tatsächlich gelang. Er wickelte sich nach erfolgter Entpuppung das Handtuch um den Bauch, um sich mit einem zweiten Handtuch die Haare abzutrocknen. Er rubbelte und wubbelte an seinem Kopf herum und merkte nicht, dass dabei das »untere« Handtuch nicht mehr um seinen Bauch geschlungen war, sondern am Boden lag. Doch auch als er es merkte, kümmerte er sich nicht weiter darum und stand auf diese Weise also weitgehend nackt am Pool.

Die Muffin-Lady starrte fassungslos auf diese nicht sehenswerte Darbietung, als der Offizier zu ihr sagte: »Im Namen der Princess Cruise Line entbiete ich Ihnen meine Entschuldigung für die Szene, deren Zeuge wir gerade geworden sind!« Erhob sich und verhüllte den nackerten Senior. Nein, es handelte sich dabei nicht um Richard Gere in »Ein Offizier und Gentleman«, aber man könnte ihn sich gut dabei vorstellen. Will sagen: Man kann sehr wohl auf amerikanischen Schiffen auch Takt und Klasse erleben. Auch ohne Richard Gere.

➢ *Siehe dazu auch »Große Schiffe – und kleine«*

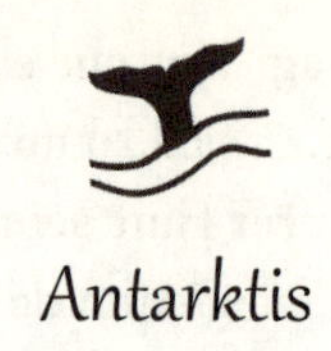

Antarktis

Die Antarktis ist nicht nur attraktiv, weil sie sich dank der Klimaerwärmung zunehmend verdünnisiert. Sie gehört zu den absoluten Reise-Highlights, weil man sie nur mit dem Schiff bereisen kann. Das »nur« ist vielleicht etwas übertrieben. Man kann sich natürlich auch einem Expeditionsteam anschließen, wochenlang in Schneewehen kampieren, auf Trockenfleisch »vom Pinguin« rumkauen und mit Hunde- oder Motorschlitten entbehrungsreich die vom Winde gepeitschten Ebenen durchqueren. Das kann man natürlich tun – mit der nötigen körperlichen Fitness und den entsprechenden Beziehungen zu Expeditionsteams. Aber ich gehe mal davon aus, dass Sie, verehrte Leserin und geschätzter Leser, sich für solche Reisen ein anderes Buch zugelegt hätten. Also zurück zur Kreuzfahrt: Die ist nicht nur leicht zu realisieren. Sie ist auch sehr viel komfortabler.

Man fährt mit seinem Schiffchen in herrliche Buchten, lehnt über der Reling und beobachtet in der grünen See Wale beim eleganten Auf und Ab und freut sich, wenn sie mit der Fluke winken – ehe sie danach in größere Tiefen abtauchen. Und vielleicht kommen sie dann mit ungeheurer Kraft aus den Tiefen des Meeres herausgeschossen und lassen sich mit einem gewaltigen

Platsch auf den Rücken klatschen. Ich habe einen Wal erlebt, der das genau 24-mal hintereinander gemacht hat. Ich hatte zwar die Vermutung, dass da irgendwas in dem Krill »drin« war, aber schön anzuschauen war es trotzdem. Dabei lässt man sich als Zuschauer die warme Dezember- oder Januarsonne auf den Pelz *(oder das Polohemd)* brennen und schaut sonnenbebrillt ins gleißende Weiß dieser riesigen Sahnebaisers. Na? Appetit bekommen? Nicht auf Süßes. Sondern auf Weißes? Sollten Sie auch. Es ist nämlich einzigartig und absolut grandios, dort ein paar Tage verbringen zu dürfen. »Dürfen?« Na ja, es hat sich schon herumgesprochen, wie wunderbar dieser weiße Fleck unsrer Erde ist. Deshalb muss man mit Warteschlangen bei der Buchung in den entsprechenden Reedereien rechnen. Dabei ist gar nicht so wichtig, dass man ein forschungstaugliches Expeditionsschiff aufsucht. Kann man natürlich *(siehe oben)*. Aber wichtiger sind zwei Dinge: Erstens sollten landeskundliche Experten *(in der Reedereiensprache »Lektoren«)* an Bord sein, die einem das Sozialverhalten der Pinguine, Glaziologisches zur weißen Pracht und Biologisches zu den verwandten Riesensäugern der Tiefen – vulgo »Wale« – erläutern können. Und zweitens sollte man mit einem Schiff reisen, das den strengen Bestimmungen der »International Maritime Organization« der United Nations genügt.

Seit Mitte 2011 verbieten sie nämlich den Einsatz von Schweröl auf Schiffen im südlichen Polargebiet, um das Ökosystem dort zu schützen. Bereits seit 2009 dürfen ohnehin nur noch Schiffe mit maximal 500 Passagieren in deren Beibooten *(➢ siehe dazu auch »Z wie Zodiacs«)* in der Antarktis landen. Die Kapitäne müssen sich rechtzeitig per Funk untereinander abstimmen, damit nur je ein Schiff an einer der Landungsstellen liegt. Und lediglich 100 Passagiere dürfen gleichzeitig bis zu drei Stunden an Land sein.

Eine sehr begrüßenswerte Regelung. Denn um sich diese wunderbare Natur anschauen zu können, muss sie erst einmal erhalten bleiben. Zu diesem Zweck hatte sich übrigens schon vor einiger Zeit eine kleine Zahl von Reiseanbietern und Reedereien in der »International Association of Antarctic Tour Operators« (IAATO) zusammengeschlossen und für ihre Schiffe sehr strenge Umweltbedingungen erlassen. Einige davon dienten der neuen UN-Regelung als Grundlage, weshalb man – aus Sicht des Autors – auch weiterhin Schiffe respektive Touren dieser IAATO-Mitglieder buchen sollte. Denn die sind weiterhin ganz vorn dabei, wenn es um den Schutz dieser Region geht.

Für das richtige »Gerät« bei einer Antarktisreise sorgen also die Reedereien. Für die korrekte Einhaltung der Route sorgt der Kapitän mit seiner Crew. Und für die dritte (äußerst wichtige) Bedingung einer gelungenen Antarktisreise – nämlich das Wetter – sorgen die … genau … Passagiere. Denn erstens gibt's ja den alten Kinderspruch »Wenn Englein reisen …« – oder auch nicht. Und zweitens ist das nun mal die Standardantwort jedes Kapitäns, der nicht auch noch fürs

Wetter verantwortlich sein will, wo er doch letztlich für das gesamte Schiff seinen Kopf hinhalten muss. Und kommen Sie mir jetzt nicht mit dem Klabautermann, der ist für anderes zuständig *(➣ siehe dazu »K wie Klabautermann«)*.

Wo wir gerade beim Kapitän sind: Der Mann kann – wenn er will – den Kontakt zu den »Eingeborenen« der Antarktis herstellen. Ja, die gibt es. Ihr erster Vorname ist meistens »Doktor«, sie leben in Forschungsstationen, und ihre Gemüter pendeln zwischen naturwissenschaftlichen Pionierfreuden, monotoner Langweile und der Einnahme hochprozentiger Getränke. Nicht alle von ihnen siedeln IM ewigen Eis, sondern einige auch AN dessen Rand. Und denen können Kreuzfahrtschiffe wie Abgesandte des Himmels erscheinen. Ich habe auf der Brücke eines Expeditionsschiffes gehört, wie unser Kapitän Forscher und andere Zeitgenossen, die in solchen Stationen Dienst taten, anfunkte, um sie an Bord einzuladen – zum Duschen. Und alle, alle kamen. Dann saßen am Abend im feinen Restaurant Damen und Herren mit wettergegerbten Gesichtern, die Haare vom Bordfriseur frisch geschnitten, noch dampfend nach einem sehr langen und genussvollen heißen Duschbad, und schwärmten von den segensreichen Errungenschaften der Zivilisation. Eine Sicht, die man sich hin und wieder in Erinnerung rufen sollte, vor allen Dingen wenn man jeden Abend bei mehrgängigen Menüs und guten Weinen sitzen *darf*! Womit schon wieder das Wort »dürfen« gefallen ist. Zufall? Ich denke, dass es ein sehr wichtiges Wort ist, das einem gerade in der Antarktis immer wieder in den Sinn kommt. Denn letztlich sind wir alle nur als Gast auf diesem wundervollen Planeten und sollten dankbar für jeden Augenblick sein, den wir in dieser privilegierten Form erleben *dürfen.* Wer es nicht glaubt, muss an Land – ob Antarktis oder anderswo auf der Welt – nur mal genau hinschauen. Nicht bei den Sehenswürdigkeiten – sondern bei den Menschen, die dort leben. Sie sind nicht alle arm. Aber im Vergleich zu uns Reisenden weniger privilegiert. Das sollte kein Anlass zu einem schlechten Gewissen sein, sondern zu Dankbarkeit. Abgesehen davon macht eine solche Haltung jeden Urlaub irgendwie schöner.

Zum Schluss eine gut gemeinte Warnung: Wenn Sie zum ersten Mal eine Kreuzfahrt machen wollen, wählen Sie als Ziel NICHT die Antarktis. Denn das ist für einen »first time Cruiser« einfach »too much«. Von der Fahrt durch die Drake-Passage, mit der Möglichkeit, eine original »rough sea« kennenzulernen (➢ siehe dazu »Destinationen«), über die atemraubende Reinheit und Schönheit dieser weißen Eisriesen-

welt bis hin zu der wunderbaren Tierwelt und der großartigen Stille, die dort herrscht, ist all das so intensiv, dass Ihnen jede spätere Seereise fad erscheinen wird. Wenn Sie es beim ersten Mal unbedingt kühl an Bord haben wollen, wählen Sie eine Nordlandreise. Wenn's dagegen warm sein soll, schippern Sie im goldenen Oktober durchs Mittelmeer. Beides ist als Einstieg perfekt. Die Antarktis sollte vielleicht die Kreuzfahrt Nummer drei, vier oder fünf sein. Die zweite Seereise hingegen könnte das nächste Kapitel zum Inhalt haben – eine Atlantiküberquerung.

Atlantiküberquerung

Herzlichen Glückwunsch. SIE haben das große Los gezogen. Sie wissen schon, warum. Nein? Na, vielleicht haben Sie es nur vergessen. Zur Erinnerung: Es ist eine unter Biologen und Medizinern allgemein anerkannte Tatsache, dass sich im Durchschnitt 300 Millionen Spermien auf den Weg machen, um als Erster das Ei zu befruchten. Und Sie (!) haben es als Erster und Einziger geschafft. Respekt und Anerkennung! Wissen Sie eigentlich, was das für eine Wahrscheinlichkeit ist? Ein

Vergleich: Wer den Jackpot knacken will, muss es als Einziger von 139 Millionen schaffen. Und Sie haben es als Einziger aus 300 Millionen geschafft. Das nenne ich einen Doppel-Jackpot-Gewinner. Mindestens.

So, Sie Super-Gewinner, aber damit noch nicht genug. Sie sind außerdem gesund, vielleicht sogar quietschfidel und leben in einem Land, in dem die Gesundheit – wenn sie mal schwächelt – ziemlich zügig wiederhergestellt werden kann. Sie sind drittens nicht stumm, sondern in der Lage, Ihre Wünsche in einer Sprache auszudrücken, die die anderen Menschen um Sie herum verstehen – auch wenn Sie manchmal den Eindruck haben, dass das nicht so ist. Und schließlich und endlich schauen Sie jetzt gerade in dieses Buch und fragen sich, ob nicht eine Kreuzfahrt mit einem strahlend weißen Schiff auf irgendeinem der sieben Weltmeere etwas für Sie sein könnte. DAS nenne ich vier gute Gründe, glücklich zu sein. Das sollten Sie sich auf jeden Fall immer mal wieder in Erinnerung rufen. Denn – was auch immer die anderen sagen – Sie sind qua Geburt ein Gewinner!

Und was hat das mit der Atlantiküberquerung zu tun? Na, da hätten Sie zum Beispiel jede Menge Muße, mal darüber nachzudenken, wie viel Glück Sie in Ihrem Leben haben. Muße ist nämlich DER Punkt, der für eine solche Passage spricht. Stellen Sie sich allein mal die Möglichkeit vor, dass jeder, der Sie auf dieser Reise weiß, davon ausgeht, dass Sie *nicht* erreichbar sind. Denn auf dem großen Wasser zwischen Europa und den Amerikas herrscht Funkstille. Oder vermuten Sie da im Abstand von zehn Kilometern Sendemasten in den Tiefen des Ozeans? *(Verstehen Sie mich nicht falsch: Das ist nur die offizielle Erklärung. Sie sind natürlich nicht aus der Welt, sonst würde ja die gesamte Kommunikation des Schiffes mit der Reederei und den zukünftigen Häfen nicht funktionieren, aber das müssen Sie ja niemandem sagen!)*

Eine Woche Freizeit in Freiheit. Ausschlafen. Rumtrödeln. Aufs Meer schauen. Ein Buch lesen. Die Seele baumeln lassen. Am Achterdeck ein weingeist-reiches Getränk zu sich nehmen. Den Blick über die schier unendliche Weite bis zum Horizont schweifen lassen. *(Na ja, das ist vielleicht für Agoraphobiker nicht so dolle. Aber die verbringen ihre Kreuzfahrt ohnehin am liebsten im Schrank ihrer Innenkabine.)* Doch jeder, der die Seele eines Vogels in sich wähnt, kann ihn auf einer Transatlantikpassage in Gedanken in die Lüfte schicken und sich in Ruhe den Wind um den Schnabel wehen lassen. All das im Bewusstsein, nichts, aber auch gar nichts an Land zu verpassen. Obwohl das nur 5 bis 10 km entfernt ist. Nach unten.

Und wenn Sie von alldem genug haben, dann bietet das Programm an Bord einige Leckerbissen, die Sie sonst nicht geboten bekommen. Damit ist nicht nur das gemeint, was der »Chef« und seine Mannen im Bauch des Schiffes für den Ihren zaubern. Nein, meist sind Atlantikpassagen wenig gebucht, sodass Sie viel Platz an Bord haben – und noch aufmerksamer bedient werden als sonst schon. Zum Beispiel bei einem »Offiziersdinner«. Bei dem sind die Herren mit den Streifen nicht die Beilage auf dem Teller, sondern am Teller – weil sie den Service im Restaurant übernehmen. Das fördert den Kontakt mit den Passagieren, entlastet die Servicemitarbeiter und fördert die Bescheidenheit im Offizierskorps. Gerne wird auch ein bisschen das Wissen um »Etikette« wieder auf Vordermann gebracht. Also: Wie ist die Besteckreihenfolge, wie gebe ich einen korrekten Handkuss, was tue ich, wenn eine Dame bei Tisch sich erhebt, und welche Weine passen zu welchen Speisen?

Oder Sie überqueren den Äquator *(so er denn auf der Strecke liegt)* nicht auf dem Schiff, sondern im Beiboot und lassen sich auf ihm noch ein bisschen treiben. Mit einem Gläschen Champagner in der Hand. Gutes Wetter und ruhige See natürlich vorausgesetzt – sonst verschütten Sie ja mehr, als dass Sie trinken. Eine solche kleine Einlage ist bei Ihren Erzählungen daheim ein echter Bringer. Wer kann schon mit einer gewissen Authentizität sagen, dass eine »Witwe« *(Sie wissen schon – die aus der Flasche mit dem orangefarbenen Etikett!)*, direkt auf dem Äquator genossen, noch einen Tick besser schmeckt als sonst? *(Das Gegenteil soll Ihnen erst mal einer beweisen. Dieses Argument ist so schlagkräftig wie das vom antarktischen Gletschereis im Whisky – wobei der mit jahrtausendealtem Eis tatsächlich milder schmeckt als mit normalem Eis.)*

Wie auch immer. Wenn Sie sich all das gegeben haben, dann kommen Sie so was von glücklich im nächsten Hafen an und wissen: »Jetzt bin ich richtig erholt!«

Auslaufmusiken

Jedes Schiff hat »sein« Lied. Gespielt beim Ablegen vom Kai in den Häfen dieser Welt. Für uns Passagiere wird es so zum Synonym von Urlaub, Fernweh und »weiter Welt«. Es ist perfide: Dieses *(meist)* Gänsehaut fördernde Stück bleibt für immer eingebrannt in Herz und Hirn seiner Passagiere – ob man will oder nicht.

Und nicht nur das: Ist man an Land und hört nur einmal dieses Stück wieder – zack –, schon hat einen das Fernweh gepackt. Natürlich ist das nichts anderes als emotionales Marketing – aber warum muss es so effektiv sein? Zumal wenn man es ohne Vorwarnung hört. Dann haut es einen regelrecht aus den Alltagsschuhen rein ins Land von »Sea and Glory«.

Andererseits … wer hin und wieder im Geiste an der Reling stehen und Fernweh riskieren will, findet hier »sein« Lied.

Balkon

Der Balkon einer Kabine ist die wundervolle Möglichkeit, bei voller Fahrt vor die Tür zu treten. Eine Gelegenheit, die sich bei der Beförderung durch ein Flugzeug nur selten bietet. Schon allein aus diesem Grund bietet der Sitz auf dem eigenen Balkon an Bord Ihres Schiffes eine höchst luxuriöse Perspektive. Nicht nur auf das, was an Ihnen vorbeizieht, sondern auch auf das, was man dort tun kann.

Hier 5 Rituale, für die der Balkon ganz exzellent geeignet ist:

- Reedereien haben es gerne, wenn ihr Schiff gut gebucht ist – um nicht zu sagen: voll ist. Doch mag nicht jedermann solch hohe Menschendichte am frühen Morgen. Für sie ist der Balkon ein willkommenes Plätzchen, um sich vom Roomservice das Frühstück auf dem Balkon servieren zu lassen. Omelette mit Kräutern vor Kap Hoorn, Croissants mit Sicht auf den Tafelberg, wilde Kirschkonfitüre mit Blick auf den Krater von Santorin. Dazu ein Gläschen Champagner – und der Tag ist dein Freund.

✵ Was am Morgen genussvolles Erwachen verspricht, hilft auch am Abend in das weitere Geschehen: Einen trockenen Martini zum Sonnenuntergang oder ein Gläschen Rosé sind ein guter »Evening Opener«, ehe man in leichter Sommergarderobe gut gestimmt dem Restaurant entgegenstrebt, um sich der vielgängigen Speisenfolge zu widmen.

✵ Aber auch des Nachts verfeinert ein Balkon das Reiseerlebnis. Einige räumen ihre Matratze gleich auf den Balkon und schlafen sozusagen unter freiem Himmel *(was von der Größe des Balkons abhängt)*. Andere timen ihre Reise so, dass es zu einem Vollmond-Erlebnis kommen kann. Und wieder andere lassen die Balkontür offen, um sich vom milden Rauschen des Meeres ins Land der Träume entführen zu lassen.

✵ Sollten Sie zu der aussterbenden Rasse der Raucher gehören, so bietet sich auf dem Balkon eine hervorragende Gelegenheit dazu ... WENN Sie einige Vorsichtsmaßnahmen berücksichtigen:

1. Schnippen Sie keine Asche über Bord – sie könnte noch halb glühend auf den nächsten oder unteren Balkon geweht werden und dort für heiße Erfahrungen sorgen. Werfen Sie aus dem gleichen Grund weder Kippen noch Zigarrenstummel über Bord. Lassen Sie sich stattdessen von der Kabinenperle einen sturmgerechten Aschenbecher geben – dann

erfahren Sie auch gleich, ob das Rauchen auf dem Balkon an Bord gestattet ist.

2. Sollten Sie ein »Heavy Smoker« sein *(Stichwort: Havanna-Zigarren)*, ist es ratsam, eine Balkonkabine möglichst weit am Heck zu buchen, um etwaige Belästigungen von benachbarten »Reisenden ohne Rauchhintergrund« mithilfe des Fahrtwindes auszuschließen. Das gilt zumindest während der Fahrt. Sollten Sie im Hafen rauchen, stellen Sie sicher, dass das Schiff nicht gerade Treibstoff bunkert – andernfalls könnten Sie leicht auf nachhaltige Weise zum Nichtraucher werden.

✷ Und dann gibt es eine Form von Freizeitbeschäftigung, die gerne zu zweit gepflegt wird. Auch ihr kann man auf dem Balkon nachgehen, wenn es die Beteiligten schätzen, dabei an der frischen Luft zu sein und sich das Salzwasser um die bebenden Nüstern wehen zu lassen. Sie sollten dabei jedoch Folgendes bedenken:

1. Wenn sich der Boden unter Ihnen bewegt, muss das nicht an der Intensität der erlebten Gefühle liegen.

2. Ort und Aussicht sind exotisch genug, sodass man keiner Technik frönen sollte, die dazu führen kann, dass man Halt und Kabine verliert und im Heckwasser strampelnd das Nachsehen hat.

3. Das Rauschen des Meeres wirkt sehr beruhigend, besonders wenn man bei geöffneter Balkontür schläft *(siehe oben)*. Sollten Ihre Kabinennachbarn auf diese Weise ihre Nacht verbringen, ist es hilfreich, wenn Sie bei Ihrem lustvollen Tun zu der Gruppe der geräuscharmen Praktizierer gehören. Ist das nicht der Fall, sollten Sie unbedingt auch zu denen gehören, die gerne dabei beobachtet werden. Denn damit muss gerechnet werden.

Gleichwohl kann es sein, dass Ihre Kabinennachbarn die Art und Weise, wie Sie zu Ihrem Kick kommen, nicht schätzen und das Personal von Ihrer ungebührlichen Geräuschbelastung in Kenntnis setzen. Aber die Angst vor dem Entdecktwerden soll bei einigen Zeitgenossen ja durchaus die Reizintensität erhöhen.

In jedem Fall sollten Sie sich VOR der allerersten Freizeitbeschäftigung auf dem Balkon kundig machen, ob die Balkontür nicht so ins Schloss fallen kann, dass Sie sich dabei ausschließen. Sie wären zwar nicht die Ersten, die nur durch lang anhaltendes Umhilferufen auf sich aufmerksam machen müssen, um aus dem ungewollten Gefängnis befreit zu werden.

Allerdings belebt es den Bordklatsch ungemein, wenn die Hilferufenden dabei keine Hosen anhaben.

Boot

Nicht dass es wirklich wichtig wäre, aber mancher Kreuzfahrtnovize stellt bei seiner ersten Brückenführung erst sich und dann dem Kapitän die Frage, worin denn wohl der Unterschied zwischen einem Boot und einem Schiff bestehe. Die Größe allein könne es ja wohl nicht sein, denn einerseits gäbe es Wasserfahrzeuge, die man sowohl als »Segelboot« als auch als »Segelschiff« bezeichnen könne. Was ist es also, was das eine vom anderen unterscheidet?

Und was antwortet der erfahrene Seebär entwaffnend? »Ins Boot steigen Sie ein, wenn das Schiff sinkt!«

Bordbar

Die Bordbar ist ein gern besuchter Ort auf den Planken, die die Welt umrunden. Ist sie doch das Zentrum des Wassers an Bord. In ihr gibt es skandinavische Lebenswässer (»Aqua vitae« oder auch »Akvavit«), gälische Wässer (»uisge beatha«, heute gebräuchlicher als

»Whisky« im Gespräch) und russische oder polnische Wasser (»Wodka« mit Namen). Woran man sieht, dass eine gewisse Sachkunde bei der Bestellung einen weltmännischen Eindruck erwecken kann. Was aber nicht für alle fremdländisch klingenden Wortkombinationen mit »Whisky« zutreffen muss. Vor allem nicht, wenn sie sinnfrei sind.

So trank auf einem Oceanliner ein Herr, der durch klugen Einsatz seiner finanziellen Ressourcen in sehr kurzer Zeit zu sehr viel Geld gekommen war, an der Bordbar Tag für Tag edle Single-Malt-Whiskys von den schottischen Inseln. Er startete diesen Vorgang jedes Mal in vollem Ernst *(er wusste es tatsächlich nicht besser)* mit der Bestellung: »Whisky on the rocks – aber ohne Eis, bitte«. Der Barkeeper revanchierte sich für diese »Sach- und Sprachkenntnis«, indem er ihm immer teurere Edeltropfen ins Glas schüttete. Das förderte den Bar-Umsatz und gab ihm das Gefühl, der Gerechtigkeit Genüge zu tun. Denn einerseits half er dem »Whisky-on-the-rocks-aber-ohne-Eis«-Trinker, feinst gelagerte Destillate von dem Flaschenhals in den eigenen zu kippen. Und andererseits war der »Whisky-on-the-rocks-aber-ohne-Eis«-Trinker bestens bedient. Fühlte er sich doch voll und ganz verstanden. Einerseits was die berauschende Wirkung auf hohem Niveau betraf. Und andererseits was seine Bordrechnung anging. Konnte er an ihr doch ablesen, wie hoch der Barkeeper ihn und seine »Whisky-on-the-rocks-aber-ohne-Eis«-Kenntnisse einschätzte. Nämlich astronomisch hoch!

Gern erfährt man an der Bar auch mehr über den Stand der Fremdsprachenkenntnisse Mittrinkender, wenn sie auf die Frage, ob denn die Herrschaften vor dem Essen einen kleinen Aperitif zu sich nehmen wollen, antworten:

»Gern, ich nehme einen Champagner!«

»Mir bitte einen Campari Orange.«

»Für mich einen Martini Cocktail.«

»Und ich nehme einen Aperitif.«

Geeeenau!

Sie sehen: Die Männer und Frauen hinter der Bar haben häufig Anlass, ihren Beruf von der heiteren Seite zu nehmen. Auch wenn sie manchmal fremde Hilfe brauchen, um die eine oder andere Situation zu meistern. So musste eines späten Abends der Barkeeper seinen Hot.Man (das ist der Hotelmanager ➢ *siehe dazu »O wie Offiziere«*) anrufen und ihn um tatkräftige Unterstützung bitten. Als der kam, sah er warum. Ein Gast hatte sich den ganzen Abend an Dean Martins Wahlspruch gehalten: »Ein Mann, der vor einer Bar liegen kann, ohne sich festhalten zu müssen, ist noch nicht betrunken!«

Nun lag er also da und hatte sich von dem Zustand, den man »Bewusstsein« nennt, schon vor geraumer Zeit verabschiedet. Da es inzwischen spät und die Bar leer war, nahmen sich die beiden des Gastes an. Sie prüften, in welcher Kabine er wohnte, und trugen ihn »nach Hause«. Dort angekommen, zückte der Hot.Man den Masterschlüssel und öffnete leise die Tür, um die darin schlafende Gattin nicht zu stören. Die konnte er aber gar nicht stören – zumindest nicht beim Tiefschlaf –, weil sie gerade Besuch von einem anderen Herrn hatte, mit dem sie sich sehr aktiv beschäftigte. Hot.Man und Barkeeper schauten sich daraufhin kurz an, ließen die Kabinentür sacht und leise wieder ins Schloss klicken und schleppten den Herrn Gemahl zurück in die Bar. Dort legten sie ihn ab, deckten ihn zu und überließen ihn der entgiftenden Tätigkeit seiner Leber.

In den darauffolgenden Tagen behielten sie das Ehepaar im Auge, um zeitnah zu merken, ob die eheliche Entwicklung außer Kontrolle geriet. Man weiß ja nie. Doch stellten sie fest, dass die Gattin vom nächtlichen Besuch des ungleichen Trios nichts mitbekommen hatte, und waren erfreut, dass sich das Ehepaar auf dem Rest der Reise bestens verstand.

Woran man wieder sehen kann, dass ein guter Barkeeper was von einem »Malteser« haben muss.

Bordbuch

Wenn einer eine Reise tut, dann will er was erleben. Und sich danach gerne daran erinnern. Möglichst im Detail. Damit dies gelingt, hat uns die Fotoindustrie diese netten kleinen Apparate geschenkt, mit denen man dank leistungsstarker Speicherchips vieles bildlich festhalten kann. Sehr vieles. Aber nicht alles. Zum Beispiel nicht das, was einem so durch den Kopf geht, wenn man die sieben Weltmeere befährt. An Gedanken, Gefühlen und Assoziationen. Deshalb gibt es IHR Bordbuch. *(Nein, nennen Sie es nicht »Tagebuch«. Da kommt bei vielen gleich Stress auf – gepaart mit der Ratlosigkeit, wie man das weiße Blatt füllen könne, gefolgt von der Angst, gut formulierte Sätze finden zu müssen, und dem gehetzten Pflichtgefühl »Ich muss noch von gestern nachtragen!«. Nein, belassen wir es beim Namen »Bordbuch«.)* Das ist eine lose Sammlung von Eindrücken und Gedanken, die einem beim Besuch fremder Länder so durch den Kopf gehen. Von Eintrittskarten, die man einklebt, versehen mit einer kurzen Notiz, wie man es dort fand. Von Rechnungen aus Kneipen, die man mit anderen Passagieren aufgesucht hat und die man in »guter Stimmung« wieder verlassen hat, um wie ein echter Matrose schwankend zu seinen Planken zu wanken. Von Stadtplanausrissen, auf denen man seine Wege durch die fremde Hafenstadt eingezeichnet hat. Von Bemerkungen, die man aufgeschnappt hat. Von Speisekarten aus dem Bordrestaurant mit Autogrammen der »Mitesser«. Und, und, und.

Das Bordbuch ist das Tor zum Träumen, wenn Sie wieder zu Hause sind, wenn der Himmel grau ist und das Fernsehprogramm mau. Dann sollten Sie Ihr Bordbuch rausholen und sich erinnern wie es war ... Da klebt zum Beispiel das Eintrittsticket zum Longroom des Trinity College in Dublin und Sie sehen noch einmal in Gedanken diese gigantischen Bücherregale, die allesamt Tickets in Reisen des Wissens und anderer Welten waren und sind. Und erinnern sich, wie Sie sich gefragt haben, ob es in fünfzig Jahren wohl immer noch Bibliotheken als Horte des Wissens gibt. Oder ob alles im Internet aufbewahrt und damit den Wellen der technologischen Entwicklungen ausgeliefert sein wird, die man auch das »organisierte Vergessen« nennen könnte. Oder die Quittung von »Saks« auf der Fifth Avenue, als Sie dieses wunderbare Paar Prada-Schuhe im »Sale« ergattert hatten, das Sie gleich zu ihrem Geburtstagscocktail im Rainbow-Room des Rockefeller Centers angezogen haben. Und daneben der Zettel Ihres Gatten, der eine Art Quittung sein sollte, ausgestellt vom Schuhputzer auf der Herrentoilette ebendieses Rainbow-Rooms, als sich der Gemahl angesichts Ihrer fantastisch-neuen Schuhe schnell in die Herrentoilette begab, um sich dort seine schwarzen Schuhe von einem

New Yorker wienern zu lassen, und nachher ganz begeistert zurückkam, weil er vom erhöhten Sitz des Schuhputzers die nächtliche Silhouette des Big Apple sehen konnte. Und. Und. Und.

Das Bordbuch ist ein Speicher Ihrer Spuren auf den Reisen durch die Welt. Füllen Sie ihn und pflegen Sie ihn, solange Sie an Bord sind. Sie werden es sich danken. Später, wenn Sie wieder auf Ihrem eigenen Sofa sitzen und Ihre Reise noch einmal nachfahren.

Brücke

Die Brücke ist die Kommandozentrale des Schiffes. Sozusagen das Hirn der Seemannschaft – also der geballten Kenntnis, wann man das Schiff wie und auf welchem Kurs steuert.

Die Brücken sehen allerdings nicht mehr so aus, wie sich das der »First Time Cruiser« vielleicht vorstellt. Da gibt's kein Steuerrad mehr – nur noch einen Joystick. Und jede Menge Bildschirme. Überhaupt erinnert das Ganze mehr an den Kommandostand eines Stellwerks am Weltraumbahnhof Baikonur als an ein Schiff. Wären da nicht diese riesigen Fenster, man wähnte sich sonst wo, aber nicht auf dem Meer. Doch Gott sei Dank sind die Fenster da und diesen Blick vergisst man nie: Leicht abgedunkelt liegt da die über den

Horizont sanft gewölbte Unendlichkeit der Wasserwelt vor einem. Gleißend. Träge. Und so gottvoll herrlich von Wolkentürmen bekränzt, dass man juchzen möchte. Käme einem eine solche Gefühlswallung angesichts so vieler technisch-orientierter Herren um einen herum nicht völlig albern und fehl am Platze vor, täte man es. Aus vollem Herzen.

Rechts und links – hoppla –, auf der Steuerbord- und Backbordseite der Brücke gibt es diese netten Balkone – »Nock« mit Namen. Genau da steht der Kapitän beim Einparken im Hafen und schaut runter, wie viele Zentimeter der Kahn mit dem Bug- und Heckstrahlruder noch an die riesigen Fender der Quaimauer *(für Landratten: Das ist so eine Art Puffer)* herangedrückt werden kann. Manchmal haben die Nocks sogar einen Glasboden, damit sich der Chef nicht zu weit rauslehnen muss. An den Nocks kann man übrigens das Brückendeck auch vom Kai aus leicht erkennen. Dann weiß man: Da oben steht der Kapitän. Und das ist immer der Fall, wenn er seinen Pott in einen Hafen ein- oder ausfährt.

Ansonsten s i t z t er auf der Brücke. Auf einem erhöhten Stuhl. Das ist der Kapitänsthron. Natürlich ist der nur erhöht, damit er auch im Sitzen weit nach vorne schauen kann. Logisch. Trotzdem darf nur ER darauf sitzen. Falls man sich bei einer Brückenführung darauf setzen sollte – ohne dass man von IHM dazu aufgefordert worden ist –, muss man der gesamten Besatzung ein Getränk ihrer Wahl ausgeben. Jedem eins!

Seinen Pott allein in den Hafen ein- oder ausfahren kann der Captain trotz Throns nicht. Na ja, können wird er es meistens schon, aber er darf es nicht – zumindest nicht, wenn sein »Bötchen« länger als 90 Meter ist. Und das sind sie alle, die zurzeit ihre Passagiere auf dem Wasser bewegen. (Tendenz zunehmend.) Deshalb braucht der Captain einen Lotsen an seiner Seite. Ob er will oder nicht. Das ist Vorschrift. *(➢ Siehe dazu »Lotse«)*

Zum Schluss die Frage: Woher stammt der Name »Brücke« überhaupt? Eigentlich ist es doch eher eine Art Kommandostand und nichts, was wie eine Brücke über ein Tal gespannt ist. Das stimmt. Doch wer alte Schiffsskizzen einsehen kann oder die Gelegenheit hat, die HMS Warrior aus dem Jahr 1860 im Hafen von Portsmouth zu besichtigen, wird feststellen, dass die Brücke früher in der Tat wie eine Art riesige Planke von der Steuerbordreling zur Backbordreling reichte und das Deck, wo die Matrosen arbeiteten, über»brückte«. Weshalb man auch unter ihr hergehen konnte *(was bei den heutigen Brücken nur wenigen gelingt)*. Auf diese »Decküberbrückung« verlegte der Captain seinen Platz, nachdem er jahrelang auf dem Achterdeck *(für Landratten: »hinten«)* gestanden hatte, um von dort sein Schiff zu befehligen (was wir alle aus diversen Piratenfilmen kennen). Seitdem ist die Brücke das höchstgelegene Deck – ob vorne, in der Mitte oder ganz hinten –, von dem man die beste Sicht über den Bug in Fahrtrichtung hat.

Captain's Table

Da steht er. Im Zentrum des Hauptrestaurants: die maritime Version von König Arthur's Tafelrunde. Gut einsehbar von allen Seiten, damit alle, die an ihm Platz nehmen, gesehen werden können. Das mag dem Kapitän nicht immer so wichtig sein. Seinen Gästen aber meistens schon. Denn wer an den Captain's Table geladen wird, gilt als »Großer« an Bord. Oder fühlt sich zumindest so.

Man glaubt nicht, was schon alles unternommen wurde, um eine Einladung an diesen besonderen Tisch zu bekommen: Da wurden mehrere Tausend Euro »Motivierungsgelder« angeboten, es wurden Schiffsärzte instrumentalisiert, Bordgeistliche mobilisiert, Reedereien mit E-Mails bombardiert und im Gegengeschäft eine Weltreise gebucht. So groß wird die Ehre eingeschätzt, an der Seite des Captains Platz nehmen zu dürfen. Selbst wenn es nur ein einziges Mal ist. Auf einigen kleineren amerikanischen 5-Sterne-Schiffen bleibt die einmal zusammengestellte Tischordnung sogar für die gesamte Reise erhalten. Dadurch werden die Tischgenossen des Captains natürlich sehr aus der Schar aller Passagiere herausgehoben. Aber das sollen sie auch. Denn meistens erfahren diejenigen Passagiere das Privileg, an der Seite des Weißgewandeten mit den vier Streifen Platz zu nehmen, die die teuersten Kabinen gebucht haben. Sozusagen als Dank für das viele Geld, das sie für diese Reise abliefern. Wohlgemerkt: auf amerikanischen Schiffen.

Bei Japanern kommt so was gar nicht gut an. Eine Einladung an den Tisch des Kapitäns würde jeden japanischen Gast derartig aus der Gruppe seiner Mitreisenden emporheben, dass es ihm körperlich peinlich wäre. Das Ganze verschärft sich noch, weil er die vermeintlich freundliche Geste des Kapitäns zurückweisen – und dabei dem ehrenwerten Captain-san einen Gesichtsverlust beibringen muss. Eine Einladung an den »Captain's Table« ist also bei den Söhnen und Töchtern aus dem Reich der aufgehenden Sonne ein absolutes No-Go.

Woran man sieht, dass man sich als Captain *(selbst mit den besten Absichten)* leicht zwischen alle Kulturen setzen kann. Und da Kapitäne gezwungenermaßen durch viele Kulturen schippern, sollten sie »fettnapfresistentes« Schuhwerk tragen.

Listige Füchse unter den »Viergestreiften« nutzen in diesem Zusammenhang gern das in aller Welt verbreitete Vorurteil, Seebären würden viel trinken, und lassen noch VOR dem ersten Gang allen Gästen an ihrem Tisch einen »ordentlichen« Wodka kredenzen. Den Kapitän selbst eingeschlossen, weil dieser an solchen Abenden – nautisch gesehen – nicht im Dienst ist.

Mit dieser leichten Dröhnung im nüchternen Magen werden die Gäste lockerer und machen das Abendessen zu einem entspannten Miteinander statt zu einem Arbeitsessen. Und da sich Wodka optisch nicht von Wasser unterscheidet, bleibt die Tiefe der List Spekulation.

Ein anderer Kapitän ließ sich von Titeln und Vermögen seiner Gäste überhaupt nicht beeindrucken und lud nur besonders interessante, humorvolle oder geistreiche Gäste zu sich an den Tisch. Sein Argument: »Ich lebe hier drei Monate an Bord und mache alles für die Gäste. Aber wenn ich dann zu einem Essen einlade, dann möchte ich mich wenigstens mit denjenigen Leuten unterhalten dürfen, die mich auch interessieren!«

Eine widerborstige Einstellung? Keineswegs. Genau diese Haltung macht den »Captain's Table« so interessant: Denn dort sitzen nur Leute, die der Kapitän persönlich interessant findet. Immer. Ehrlich!

Übrigens: Entgegen anders lautenden Gerüchten darf ein Kapitän auf seinem Schiff niemanden trauen. Also trauen sollte er seinem 1. Offizier und seiner Mannschaft, aber EHEN darf er nur schließen, wenn er eine Fahne dafür hat … sorry … wenn er eine Flagge hat, die das zulässt. Dem Stück Tuch, das am Achterdeck flattert, ist es natürlich egal, was der Captain mit Ehewilligen so treibt, aber nicht den Staaten, in denen das Schiff registriert ist.

Die Malteser Flagge gestattet z. B. eine Vermählung durch den Kapitän – wenn die Willigen alle Papiere beisammenhaben. Und die Sinne auch. Und weil »Mein Schiff 1« und »2« unter dieser Flagge fahren, kann man sich da trauen. Lassen.
Aber auch auf den Cunard-Schiffen geht's. Die »Königinnen« – Queen Elizabeth, Queen Mary und Queen Victoria – sind nämlich in Hamilton auf Bermuda registriert, wo der Kapitän ebenfalls andere in den Hafen der Ehe steuern darf.

Crew

Eine immer wieder gestellte Frage lautet, ob denn das Personal auch an Bord schlafe. Darauf wird gerne von Seekundigen geantwortet: »Wo denken Sie hin! Die werden jeden Abend per Hubschrauber an Land geflogen. Achten Sie mal abends auf die Helikoptergeräusche.« *(Man glaubt es nicht, aber es ist wirklich eine der meistgestellten Fragen an Bord.)*

Nun versteht man ja, dass ein Passagier, der eine ansehnliche Summe Geldes für seine Passage auf den Tisch der Reederei gelegt hat, nicht sehen will, dass andere, die weniger respektive gar kein Geld bezahlt haben, auch mit »seinem« Schiff fahren dürfen. Das ist vollkommen in Ordnung, solange es sich dabei um blinde Passagiere handelt.

Aber die Crew ist weder »blind« *(sondern sehr, sehr umsichtig)* noch ein »Passagier« *(eben weil sie hart und sehr lange für das Wohlergehen der zahlenden Gäste arbeitet)*. Und deshalb sind die Crew-Mitglieder nicht nur 24 Stunden gratis an Bord, sondern bekommen auch noch Geld dafür. Denn wer spritzt in aller Herrgottsfrühe – wenn alle Passagiere noch schlafen – das gesamte Schiff mit Süßwasser ab, damit sich nirgendwo eine Salzschicht bilden kann? Oder wer wäscht all die vielen hundert bis tausend Handtücher samt Bettwäsche, die täglich anfallen? Wer schleppt die Berge von Speisen, um das Reizklima der See durch anhaltende Essensaufnahme abzufedern? Und wer legt jeden Abend noch ein maritimes »Betthupferl« aufs Kopfkissen? Eben. Die Crew ist das Herz jedes Schiffes. Punkt. Sie macht die Reise zu einer herrlichen Zeit. Ohne sie ist keine Kabine so schön sauber, wie man sie möchte. Ohne sie ist kein Essen so köstlich, wie man es gerne hätte. Und ohne sie rührt sich das Schiff nicht mal von seinem Liegeplatz, sondern wird zur Immobilie.

Für ihre exzellente, unermüdliche und immer freundliche Arbeit sollte sie deshalb von den Gästen mit Respekt behandelt werden. Das ist für die meisten selbstverständlich. Für einige aber nicht. Es gibt Gäste, die meinen, sie hätten das Schiff durch ihre Passage gekauft, und benehmen sich wie Captain Bligh kurz vor der Meuterei auf der Bounty. Wie zum Beispiel der ehemalige Deutschlandchef eines weltweiten Unternehmens: Der saß bräsig in einem der feinen Restaurants eines teuren Luxusliners und schaute mit eindeutigen Blicken der sehr sympathischen, aufmerksamen und fleißigen jungen Frau aus dem Service hinterher. Wenig später bestellte er seinen Lunch bei ihr und sagte dann zu dieser jungen Frau – die morgens zur Frühstückszeit jedem Gast mit guter Laune in den Tag half und bis spät am Abend noch Gläser putzend in der Bar stand – in leicht anzüglichem Ton: »So wie Sie arbeiten, möchte ich mal Urlaub machen!« Ich saß am Nebentisch und mir wäre fast die Gabel aus der Hand gefallen, ob dieser bodenlosen Frechheit. Gespannt schaute ich ihr ins Gesicht und hätte mich nicht gewundert, wenn sie diesem Mann *(»Herr« wäre der falsche Ausdruck)* eine geknallt hätte. Doch sie schluckte nur kurz, lächelte und entschwand wieder. Ich habe ihr wenig später meinen Respekt erwiesen und ihr gesagt, dass ich ihre Contenance in dem Moment bewundert habe. Darauf sagte sie mir: »Das lernt man sehr schnell. Wen das ernsthaft stört, der steht im nächsten Hafen mit seinem Koffer am Pier.«

Angesichts solcher »Gäste« fragt man sich, warum sie den gut motivierten, freundlichen jungen Menschen, die sich Mühe geben, ihnen eine schöne Zeit zu bereiten, als Gegenleistung das Leben schwer, die Arbeit unerfreulich und sich selbst zum Kotzbrocken machen? Es gibt keine Antwort darauf. Nur eine Reaktion – für Sie als Leser: Wann immer Sie auf einem Kreuzfahrtschiff sind, seien Sie nett zu den Crew-Mitgliedern. Sie haben es in der überwältigenden Mehrheit aller Fälle verdient. Andersherum gesehen: Sie haben auch wenig Chance, der Crew zu entkommen. Gegenseitiger Respekt ist durchaus in Ihrem eigenen Interesse und kann Ihren Aufenthalt in gar nicht mal homöopathischen Dosen versüßen.

Gute Kapitäne sorgen sich übrigens auch immer um das Wohlergehen ihrer Crew. So lassen einige von ihnen zum Beispiel, sooft es geht, einen gemeinsamen Landausflug organisieren, damit die jungen Leute auch etwas von der Welt sehen. Direkt. Nicht durchs Bullauge.

Wer als Gast ebenfalls etwas für das Wohlbefinden der Crew tun möchte, gibt am Ende der Reise neben dem Trinkgeld für einzelne Crew-Mitglieder einen Briefumschlag »für die Crew« ab. *(➢ Mehr dazu unter »T wie Trinkgeld«)* Dieses Geld wird nämlich genau dafür eingesetzt: für Landausflüge oder Crew-Partys. Gerade Letztere sind für das Wohlergehen der Crew sehr förderlich. Am besten auf den sogenannten »Overnights«. Das sind die Nächte im Hafen, wenn das Schiff am Pier liegt. Dann heißt es nämlich für die Crew: Freiheit an Land. An Bord bleibt in Service und Reiseleitung nur die absolute Notbesetzung und die auch nur, bis der letzte Passagier zu Bett gegangen ist. Danach stürmen auch die von Bord und lassen es im Hafen krachen.

Wer also den Crew-Mitgliedern, die noch Dienst

schieben, etwas Gutes tun will, sitzt bei Overnight-Stopps NICHT bis in die Puppen an der Bordbar, sondern verschwindet – ins Bett, an Land, wohin auch immer. Hauptsache, man lässt die jungen Menschen auf und davon ziehen.

Denn am nächsten Morgen gilt die Devise: »Wer die ganze Nacht feiert, kann morgens auch pünktlich, frisch geduscht und picobello gekleidet zur Arbeit antreten!« Wem das besonders schwerfällt, ist noch neu an Bord – und nicht im Training. Denn auch zwischen den Overnight-Stopps gibt's jede Menge Anlässe für Partys. Da alle Crew-Mitglieder Tag für Tag hart und lange arbeiten, in kleinen Kabinen wohnen und 24 Stunden am Tag mit ihren Kollegen und ihren Arbeitsobjekten *(uns Passagieren)* unter einem Dach leben, lieben sie es, so oft wie möglich am Abend Dampf abzulassen. Natürlich mit dem einen oder anderen Getränk im Anschlag. Aber was will man von jungen Menschen Anfang zwanzig erwarten, die viele Stunden am Stück hart arbeiten? Dass sie in ihrer Freizeit Rilke lesen und sich mit den Kollegen über Heidegger unterhalten? Da muss Überdruck abgebaut, der neueste Klatsch ausgetauscht und aus tiefsten Tiefen gelacht werden. Dafür hat jeder *(gute)* Kapitän Verständnis. Und jeder »Hot.Man« auch.

Der »Hot.Man«, also der »Hotel Manager«, ist der oberste Chef der gesamten Hotellerie und an Land unter »Hoteldirektor« bekannt. *(➢ Mehr dazu unter*

»Offiziere«) Neben dem »Hot.Man« pflastern noch folgende Abkürzungen die Sprache der Crew:

Kabinenfee = die Perlen, die die Kabinen in Schuss halten
CD = Cruise-Director, der das gesamte Unterhalhaltungs- und Ausflugsprogramm managt
Safety = der Offizier, der für die Sicherheit an Bord zuständig ist
Runner = im Restaurant der Helfer des Kellners, der die Teller nach jedem Gang abräumt
Chief = Chefingenieur (der Chef aller, die das Schiff technisch am Laufen halten)
Navi = Navigationsoffizier
Türsteher = der Lukenwart, der die ein- und ausgehenden Passagiere checkt
Spaßfraktion = das Cruise-Department mit seinen Reiseleitern und Unterhaltungskünstlern

In der O-Messe eines legendären Luxusliners sollen übrigens am späteren Abend immer die Gästespeisen für den nächsten Tag »testgefuttert« worden sein. Ob das stimmt oder Legende ist, weiß man nicht, denn der Zutritt zu den Crewbereichen ist Nicht-Crewmitgliedern »strengstens untersagt«. Das bedauern oftmals besonders weltreisende Passagiere, die sich nur allzu gerne ein bisschen mit der Crew verbrüdern würden. Doch wie gesagt: Das ist strengstens verboten!

Das andere Schiff

Auf jedem Kreuzfahrtschiff dieser Welt gibt es ein anderes Schiff, das an Bord immer und überall anwesend ist. Weil es »edler«, »besser«, »größer«, »schöner«, »schneller«, »eleganter«, »internationaler«, »deliziöser« oder irgendwas ist! Diesen argumentatorischen »Fliegenden Holländer« wird es wohl immer geben. Auf jedem Schiff und jeder Nationalität. Denn die Existenz des »anderen Schiffs« hat bei Gesprächen einen immensen Vorteil: Man – und damit ist in diesem Fall der Sprecher gemeint – weiß mehr als der Zuhörer. Das legitimiert den Vortragenden weiterzureden und verdonnert den Zuhörer zum Lauschen. Ein weiterer Vorteil: Man kann »das andere Schiff« immer rausholen, wenn man besser aussehen will als der Gesprächspartner. Immer.

Die MS Europa ist das High-End all dieser »Fliegenden Holländer«. Denn der »Berlitz« *(so etwas wie der Michelin der Kreuzfahrtbranche und mit vollem Namen »Berlitz Complete Guide to Cruising & Cruise Ships«)* zeichnet die »Europa« seit Jahren als bestes Kreuzfahrtschiff der Welt mit »5 Sterne plus« aus. *(Wer es genau wissen will: 2011 war es das zum zwölften Mal in Folge.)*

Na gut. Aber was macht man, wenn man auf der MS Europa selbst sein sollte? Wer ist da das Geisterschiff, das alles in den Schatten stellt? Auf dieser »größten Jacht der Welt« hat man ja nun mal den für seine Argumentationskette bedeutsamen Nachteil, dass man bereits auf dem weltbesten Kreuzfahrtschiff angekommen ist. Und? Geht einem da der Text aus? I wo! Man holt einfach die »alte Europa« raus. Derer gibt es zwar schon fünfe*, aber man behält natürlich für sich, welche »alte Europa« man nun meint, schließlich kann man ja nicht sagen, dass man schon 1983 auf ihr gefahren ist, weil man dann Gefahr läuft, als Uraltknacker diskriminiert zu werden. Nein, nein, keine Details. DIE alte Europa reicht völlig. Achten Sie aber darauf, dass Ihr tatsächliches Lebensalter und Ihr vorgebliches Erfahrungsalter in etwa zusammenpassen, sonst haben Sie schnell den Beinamen »Käpt'n Blaubär« weg.

* 1891, 1905, 1928, 1965, 1982, 1999 (die jetzige) – und 2013 das Schwesterschiff MS Europa 2

Der Duft fremder Länder

Flugzeugpassagiere platzen notgedrungen in jedes Land mitten rein. Das hat die Landung vom Himmel herab nun mal so an sich. Und der so heimgesuchte

Ort schlägt meist zurück. Manchmal schon beim Ausstieg aus dem Flieger. Immer aber am Ausgang aus dem Flughafen. Und zwar mitten ins Gesicht des Ankommenden – klirrende Kälte, warmfeuchte Tropenwucht oder einfach nur Kerosin. Gut, gerade das Kerosin mag im Sinne der Pawlow'schen Konditionierung bei manchen einen gewissen Relax-Reflex auslösen und ihm signalisieren: »'s ist Urlaub!« Aber für feinsinnige Olfaktoriker ist das zu plötzlich. Zu jäh! Zu »bäh«!

Wer dagegen auf dem Wasser anreist, hat schon auf dem Meer sein Riechorgan sensibilisiert. Vielleicht hat der kontemplativ veranlagte Schiffspassagier an der Reling stehend die feuchtwarme Salzluft eingeschnüffelt, während ihm dabei Ahnungen gekommen sind, wie sich aus dieser warmen Feuchte vor Jahrmillionen das faszinierende Leben auf unserem blauen Planeten verdichten konnte. Vielleicht fiel dabei sein Blick auch noch auf die sich über dem Horizont hoch auftürmenden Wolken, deren Gestalt sich in der Choreografie des Himmels stetig wandelt, auflöst und andernorts wieder zusammenballt. Ganz wie es dem dort oben wohnhaften Regisseur beliebt. Solch maritime Schauspiele stimmen ungemein milde und regen eine philosophische Meta-Sicht der Welt an. Was übrigens ein Zeichen tiefgehender Erholung ist.

Wenn nun ein so gestimmter Reisender im Hafen eines fremden Landes anlandet, so vernimmt er ganz andere Sensationen als plattes Kerosin.

Wenn in Muscat (Oman) Weihrauch verladen wird,

so ist das ein Moment zum Niederknien – was die Nase betrifft. *(Man kann es natürlich auch körperlich tun, wenn einen der klerikale Geruch nach Hochamt und Christmette übermannt.)*

Oder wenn bei der Anlandung auf Raiatea in der Südsee der Duft einer Vanillefarm herüberweht, dann ist allein die Spur dieser verführerischen Süße in der Luft über sattgrünen Palmenhainen eine Erfahrung, die man zeit seines Lebens in sich trägt. Ebenso wie die vitale Wucht der wild wuchernden Wälder auf Kaua'i (Hawaii). Oder der taufrische Morgen am Oberlauf des Amazonas. Ergänzt durch Tiergeräusche, die einem das Herz übergehen lassen. Selbst der Duft eines wild niederprasselnden Tropenregens im Nordosten Australiens lässt seine ungemein vitale Kraft ruchbar werden, wenn man sich auf seine Nase verlässt.

Und wem das alles zu »fein-sinnig« ist, der sollte zum Einüben solcher Sinneswahrnehmung auf den indischen Subkontinent reisen. Denn Indien ist zuallererst ein Geruch! Ob man will oder nicht.

Es ist also kein schlechter Einstieg in ein Land, wenn man immer der Nase nach geht. Bougainvillea. Tropische Regenwälder. Staubige Straßen. Eine nahe gelegene Holzverarbeitungsstätte. Feuchte Erde. Wild wuchernde Bäume. Gischtgekrönte Wellen, die im Sand verlaufen.

All das gibt dem, was das Auge sieht, die emotionale Tönung. Gerüche sind beim Reisen so wichtig wie die

Musik im Film. Erst durch die leisen Streicher spüren wir, dass die Heldin von romantischen Gefühlen bewegt wird. Oder dass sie Angst hat, gespannt oder verzweifelt ist, sich gar alleingelassen fühlt. Oder dass sie im Hochgefühl der Siegerin die Szene betritt. Die Filmmusik macht es uns klar. Ebenso sind Gerüche die emotionale Orchestrierung unserer Landgänge. Wer's nicht glaubt, erinnere sich an den morgendlichen Kaffeeduft, der durch die Wohnung zieht, uns packt und uns mit der Erinnerung an sonntägliche Klönschnacks der Familie bei Croissants und Marmelade den Tag beginnen lässt.

Schließen Sie also ab und an die Augen und erschnüffeln Sie Ihre Umgebung. Es lohnt sich. Nicht nur an Bord. Obwohl man da ganz besonders viel Muße hat – wenn man sie sich nimmt. Frei nach Madonnas Erkenntnis: »Best things in life are free!« Düfte gehören eindeutig dazu.

Destinationen

Die besten Destinationen für Kreuzfahrtschiffe sind natürlich diejenigen, die man nur auf dem Schifffahrtswege erleben kann. Schließlich kann man nach Auckland, Bombay oder L.A. auch mit dem Flieger gelangen. Das ist so spannend wie ein Flug nach Frankfurt. Na gut, nach Rom. Aber eine Annäherung auf dem Seewege ist für einen Aquamaniac grundsätzlich schöner und sinnlicher *(➢ siehe oben »Der Duft fremder Länder«)*.

Unbeschreiblich sind die Erfahrungen, die man nur auf dem Seewege machen kann. Zum Beispiel auf dem **Amazonas**. Aficionados starten diese Reise von 3500 Flusskilometern am schiffbaren Anfang des Flusses. Und der liegt in Iquitos, kurz nach dem Zusammenfluss der beiden Quellflüsse Marañón und Ucayali zum Amazonas. Weiterer Vorteil: Man sieht dort noch BEIDE Ufer des Amazonas. Später sieht man nur noch ein einziges Ufer und dann gar keins mehr – so breit ist er in seinem Mündungsgebiet. Wer also das »Fitzcarraldo«-Gefühl aufkommen lassen will *(weißer Leinenanzug und Strohhut an lehmbraunem Amazonaswasser mit schwimmenden Baumstämmen)*, muss hier starten.

Iquitos hat allerdings keinen wirklich schönen Hafen. Er ist eher eine befestigte Quaimauer an einem ausgebaggerten Uferstreifen. Außerdem schwirren einem unermüdlich Insekten ums Haupt, die Luft ist schwülwarm und die indigene Bevölkerung knattert auf japanischen Mopeds durch die Gemeinde. Aber das macht nichts. Denn man ist mitten in einer der vitalsten und schönsten Regionen der Welt: im Urwald Amazoniens. Hier hört man die Natur wachsen und über den riesigen Wäldern prachtvoller Bäume bilden sich Wolkenformationen, dass man sich nicht daran sattsehen kann. In 3-D. Und voll »bio«.

Von Iquitos können nur Schiffe mit geringem Tiefgang starten – was einzig und allein etwas über den Schiffsrumpf aussagt und nichts über das Leben an Bord! Meist handelt es sich dabei um sogenannte »Expeditionsschiffe«. Sie haben den Vorteil, dass landeskundliche Lektoren an Bord sind, die einem die heute noch mit Stolz vorgeführten uralten Sitten der Yagua- und Boras-Indianer erklären können. Bei einer Amazonasreise lernt man so nicht nur Urwald und Ureinwohner kennen, sondern auch Länder. Genauer gesagt drei: Aus Peru kommend passiert man auf einer kurzen Strecke Kolumbien, ehe man dann die Weiten Brasiliens durchquert.

Wer nur den brasilianischen Abschnitt von der Mündung bis Manaus bereisen will *(etwa die Hälfte der Strecke bis Iquitos)*, sollte in jedem Fall einen Abend *(den ersten oder den letzten der Reise)* in der Oper von Manaus verbringen. Es ist völlig gleichgültig, welche Oper dort gegeben wird: Das Gefühl, mitten im Dschungel zu sitzen, in einem opulent dekorierten Opernhaus der Belle Époque, das sich neureiche Kautschukbarone haben bauen lassen, die ihre Wäsche ins entfernte Lissabon schippern ließen – weil dort die Hemden besser gewaschen wurden als vor Ort –, ist eine superbe Erfahrung. Besonders wenn man nach der Vorstellung auf die aus Kautschuk geformten Pflastersteine tritt, die damals den Lärm der Kutschen dämpften, und auf ihren Spuren in der tropischen Nacht zu seinem Hotel schlendert. Special! Very, very special!

Auf der anderen Seite des südamerikanischen Kontinents gibt es ein Areal, das ebenfalls nur mit einem Schiff erkundet werden kann, aber weniger warm ist, eher »frisch«: die **chilenischen Fjorde**. Die schneebedeckten Anden schauen einen dort mit großer Grandezza an, wohl wissend, dass sie einsam und absolut grandios zugleich sind. Bei der Fahrt durch diese menschenarme Natur tut es gut zu wissen, dass man von Bord aufs Ufer schaut. Und nicht umgekehrt. Denn in dieser einsamen Wildnis wäre man vollends verloren. Da würde auch kein vorbeifahrendes Schiff helfen. Denn die Passagiere würden einen in diesem Dickicht noch nicht einmal sehen. »Hat da drüben, neben dem riesigen Baum, nicht gerade was geraschelt?«

Was auch immer man sich angesichts dieser grandiosen Landschaft vorstellt: Tatsache ist, dass trotz allem in diesem Teil Südamerikas – Patagonien mit Namen – natürlich Menschen leben. Wenn auch nur wenige. Im Mittel sogar nur zwei pro Quadratkilometer. In kleinen Städten und auf verstreut gelegenen Haziendas ein paar mehr. Ich habe einmal einen Heiligen Abend in **Puerto Natales** verbracht, der Hauptstadt der chilenischen Provinz »Ùltima Esperanza« (also »Letzte Hoffnung«), und am Abend die Christmette in dem 20 000-Seelen-Städtchen besucht. Da leuchtete ein Weihnachtsbaum in grellbunter Latino-Ästhetik, dass er Las Vegas hätte Konkurrenz machen können. Die Bänke waren gefüllt mit Menschen, deren Haut die Unbilden des patagonischen Sommers kennt und die in dicken Daunenjacken steckten als Schutz gegen den scharfen Wind.

Für sie war es nicht katholische Folklore, in vielen Stunden über Stock und Stein zur Christmette zu fahren. Für sie war es ein Anliegen, ihrem Herrgott zu danken für alles, was sie in diesem Jahr erlebt hatten – oder auch erleben mussten. Und auch wenn ich von dieser spanischen Messe kein Wort verstand, spürte ich doch die Intensität dieser religiösen Gefühle. Es war in doppeltem Sinne ein Heiliger Abend.

Bei einer Anlandung in Puerto Natales ist ein Besuch des Nationalparks »**Torres del Paine**« absolute Pflicht, wenn man die Fauna Patagoniens live und in Farbe erleben will. Guanakos *(eine Lama-Art)*, Darwin-Nandus *(ein 90 cm hoher Laufvogel)* und die Anden-Kondore *(die Supersegler der Lüfte)* flößen einem Respekt ein, der durch den in dieser Bergwelt herrschenden Wind noch verstärkt wird. Wer meint, seine Bäume wüchsen in den Himmel, sollte einmal hier vorbeikommen. Das erdet ungemein.

Auf der Route durch die chilenischen Fjorde begegnet man auch dem **Pio XI Gletscher**, den man mit schiffseigenen Zodiacs *(➢ siehe »Z wie Zodiac«)* vom Wasser aus besichtigen kann – allerdings nur vorsichtig. Denn dieser Gletscher kalbt in unvorhersehbaren Rhythmen und dann donnern zig Tonnen Eis ins Wasser. Ist man zu nah dran, stürzen sie einem aufs Haupt. Ist man etwas weiter weg (aber immer noch zu nah), wirft einen die Flutwelle der einstürzenden Eismassen aus dem Boot ins bitterkalte Nass. Und seit dem Untergang der »Titanic« wissen wir, dass man es dort nur kurze Zeit aushält, ehe diese (und jede weitere) Reise zu Ende ist.

Das ist ein kleiner Vorgeschmack auf die Region sehr viel weiter südlich von Patagonien – die Antarktische Halbinsel *(siehe dazu auch »A wie Antarktis«)*. Meist geht man für eine Antarktisreise in **Ushuaia** an Bord und muss dann durch die **Drake-Passage.** Diese Meeresverbindung zwischen Atlantik und Pazifik, an dessen nördlichster Stelle Kap Hoorn liegt, ist im Hinblick auf die dort tobenden Stürme legendär. Auf der inzwischen außer Dienst gestellten »Maxim Gorkiy« wurde bei einem Sturm in der Drake-Passage der in der Lounge stehende und fest im Boden verankerte Konzertflügel aus seiner Halterung gerissen und auf den Deckel geworfen. Der Konzertflügel! Da wegen des Sturmes alle Passagiere in ihren Kabinen um mehr als ihre Würde kämpften, war niemand in der Nähe, der zu Schaden hätte kommen können.

Ob sich die Drake-Passage von dieser Seite zeigen wird, wissen natürlich am ehesten die nautischen Offiziere, weil ihnen der aktuelle Wetterbericht en Detail vorliegt. Doch die werden es Ihnen nicht sagen, weil sie niemanden verschrecken wollen. Wenn Sie sich dennoch ein eigenes Bild machen wollen, werfen Sie einen Blick ins Restaurant. Werden dort die Tischdecken mit

Wasser eingesprüht, ist das eine Vorsichtsmaßnahme, damit das aufgedeckte Porzellan nicht verrutschen kann. Denn da die Unterseite der Teller gemeinhin etwas aufgeraut ist, bleiben sie auf einer feuchten Tischdecke besser haften als auf einer trockenen, falls sich der Tisch bewegen sollte. Und das tut er nur, wenn … Na ja. Sollten sich auch noch die Stühle bei Tisch nicht bewegen lassen, so liegt das daran, dass sie festgeschraubt wurden. Das wird nur gemacht, wenn der Kapitän dem Hotelmanagement mitteilt: »Rough Sea!« In diesem Falle sollten Sie sich nicht unbedingt den Magen vollschlagen, sondern maßvoll den Appetit stillen. Denn ein bisschen was im Magen hilft bei bewegter See gegen Seekrankheit. *(➢ Mehr dazu unter »S wie Seekrankheit«)*

Die Drake-Passage kann aber auch glatt wie der Bodensee sein. Und die **Antarktis** im Dezember so viele Sonnentage aufweisen, dass man sich regelmäßig zwicken möchte, um festzustellen, ob es wahr ist: strahlend dunkelblauer Himmel, tiefgrüne See und eine weiße Pracht, dass man in diese gigantische Sahnebaisers reinbeißen möchte. Ich habe mir bei einer solchen Reise mehr als einmal gewünscht, nur für zwei Stunden wieder in der regnerischen Heimat zu sein, um aus diesem Kontrast heraus die überwältigende Schönheit dieser unberührten Landschaft immer wieder neu genießen zu können. So viel Schönheit ohne Kontrast kann nämlich blind machen.

Zu den fortgeschrittenen Schiffsdestinationen gehört auch die Fahrt durch die Südsee mit ihren Inseln, die wir alle als »Paradies auf Erden« im Kopf haben. Das trifft auch zu, wenn man eine Bootstour durch die Lagune von Bora Bora macht, an deren Ende man auf einem kleinen Motu *(das sind die Inselchen, die wir alle aus Cartoons kennen, auf denen nur drei Kokospalmen stehen und auf denen Schiffbrüchige mit Vollbärten auf die Rettung warten)* Kokosnüsse vom Baum pflückt, aufschneidet und das köstliche und sehr nahrhafte Kokoswasser trinkt, während das Motorbötchen im Seichten der türkisblauen Lagune dümpelt und der erloschene Vulkan im Hintergrund sich eine winzig kleine Wolke als Mütze aufsetzt.

Aber nicht immer geht's so harmonisch und friedlich in diesem Teil der Erde zu. Lesen Sie mehr dazu unter ➢ *»I wie Inseln«.*

Viele der Südseeinseln stehen übrigens unter neuseeländischer Verwaltung. Nicht dass das jetzt hier erörtert werden sollte. Aber es ist eine gute Überleitung zur nächsten Schiffsdestination – der Umrundung **Neuseelands** mit dem Schiff. Viele Kinogänger haben von der neuseeländischen Natur ja schon einen ersten Eindruck bekommen durch die »Herr der Ringe«-Trilogie. Das Faszinierende daran ist: Neuseeland ist wirklich so großartig, schön und spektakulär. *(Aber Gott sei Dank überhaupt nicht so dramatisch wie Mittelerde!)* – Wie auch immer: Die Umrundung der beiden neuseeländischen Inseln vom Meer aus ist eine echte Alternative zur Durchquerung mit dem Mobilhome. Die deutlich stilvollere Alternative.

Nun sind das ja alles sehr exotische Destinationen, die nur von Spezialschiffen angesteuert werden. Gibt's denn nichts für »First Time Cruisers« auf häufiger befahrenen Strecken? Doch natürlich. Im Sommer ist Nordlandzeit und da fahren alle europäischen Schiffe in den hohen Norden: **Island, Jan Mayen, Spitzbergen** und dann die norwegischen Fjorde mit dem Höhepunkt des **Geirangerfjords**.

Der »große Geysir« in Island, der in uhrmacherischer Präzision mit einer in den Himmel schießenden, dampfenden Fontäne ausbricht, weil das herausgeschossene Wasser immer wieder in den Hohlraum zurückläuft, dort vom heißen Vulkan aufgeheizt wird, bis es sich explosionsartig aus dem Hohlraum durch die einzige Öffnung »befreit« und nach draußen schießt. Immer und immer wieder. Oder die Isländer, die ihren Lunch in Plastiktaschen packen und in den überall brodelnden heißen Quellen kochen. Die Häuser, die alle ohne Schornsteine auskommen, weil ihre Zentralheizung mit dem heißen Wasser aus dem Boden gespeist wird. Oder die überwältigenden Gylfoss-Wasserfälle, die irgendwie geisterhaft aus einer Hochebene auftauchen und sich in spektakulärem Tosen in eine Felsspalte ergießen. Alles das ist absolut großartig.

Und wer gerne fotografiert, MUSS hierher, denn das

Licht ist streng wissenschaftlich natürlich von dieser Welt, optisch-emotional aber nicht. Es gibt Momente, da ist in Island alles magisch-düster und nur auf einem einzigen, hellgrünen Wiesenstück ruht ein Finger Gottes. Ein Sonnenstrahl, der Gänsehaut erzeugt. Oder Sie fahren durch den Magdalenenfjord auf Spitzbergen und der Himmel ist dunkelgrau und das reflektierende Wasser ebenfalls, nur am Horizont sieht man einen daumenbreiten Streifen, der von der Sonne hell erleuchtet ist und die Struktur des dort stehenden Felsens glasklar abbildet. Es ist, als ob man durch einen Spalt in eine andere Welt schauen würde. Kein Wunder, dass die Menschen hier oben sich die unglaublichsten Geschichten von Trollen und Feen ausgedacht haben und als »Spökenkieker« verschrien sind. Längere Zeit hier und man wäre es auch.

Was man bei einer Nordlandreise für die Kabinenwahl unbedingt berücksichtigen sollte, finden Sie unter ➢ *»K wie Kabine«.* *(Das sollten Sie unbedingt lesen, denn dabei geht's darum, wie man bei einer solchen Reise sehr viel Geld sparen kann.)*

Wohin Sie auch immer schippern, in jedem Fall ist es eine beglückende Erfahrung, wenn man den Sinn der Weisheit erkennt, dass man beim Reisen – egal wohin – zuallererst etwas über sich und das Land lernt, in dem man zu Hause ist! Achten Sie mal drauf.

Drill

Die Seenotrettungsübung nennt der Seemann »Drill«, also das, was jeder Passagier für den Notfall wissen muss. Kurz nach der Ankunft an Bord lernt man das, ob man will oder nicht. Der »Drill« wird nämlich von internationalen Seefahrtgesetzen als Übung für die Passagiere vorgeschrieben. Sollten Sie sich der Fantasie hingeben, Sie könnten sie schwänzen, werden Sie enttäuscht. Es wird genau Buch geführt, wer daran teilgenommen hat. Fehlt einer, wird er nachgeschult. Will er das nicht, muss er wieder von Bord. Tja, der sturmumtoste Seemann mag kein Rumzicken.

Als Trost sei hier angemerkt: Den Drill sollte man sich aus drei Gründen nicht entgehen lassen. Grund eins: Die Pflicht ruft *(siehe oben)*. Grund zwei und drei – er ist komisch.

Zum einen legt sich dabei jeder Passagier auf Verlangen des Sicherheitsoffiziers eine Schwimmweste an. Dabei handelt es sich um einen orangefarbenen Styroporkasten, den man sich um den Hals legt und in dem man aussieht wie ein dem Hohn und Spott der Mitbürger ausgesetzter Missetäter, der im Mittelalter an den Pranger gestellt wurde. Dieser mobile Styroporpranger muss nun mithilfe eines Gurtbandes am Körper festgezurrt werden, damit im Falle einer unfreiwilligen Wasserung der Kopf immer schön oben bleibt.

Wem der im eiskalten Wasser treibende Leonardo DiCaprio aus »Titanic« noch in Erinnerung ist, hat vielleicht noch die Szene im Kopf, wie sich Held und Heldin mühsam an den Händen hielten, um nicht auf dem weiten Meer auseinanderzutreiben. Dieses krampfige Aneinanderfesthalten kann man sich mit diesen Rettungswesten sparen, da sie mit Seilen ausgestattet sind, mit denen man mehrere Rettungswesten aneinanderbinden kann. Mehrere Personen sind nun mal im Wasser leichter auszumachen als eine einzige. Überdies bescheren sie den Rettern ein größeres Erfolgserlebnis, wenn sie gleich sieben auf einen Streich den kalten Fluten entreißen können.

Falls die Retter beim Suchen standhaft in die falsche Richtung schauen oder es dunkel ist *(siehe wieder Leonardo auf offener See)*, verfügt diese Rettungsweste auch noch über eine eingebaute Lampe, die bei Kontakt mit Salzwasser selbsttätig zu leuchten beginnt – sowie über eine Pfeife, mit deren Hilfe man die Retter herbeipfeifen kann. Das ist durchaus schicklich und wird von den Rettern nicht als unhöflich empfunden.

Ich sagte eben, dass die Seenotrettungsübung aus zwei Gründen komisch ist. Der eine ist also der orangefarbene Pranger, in dem jeder steckt. Der andere ist der plötzlich und unvorbereitet vor Augen geführte GAU einer Kreuzfahrt: das kollektive Absaufen also. Die optische Lächerlichkeit gepaart mit der Katastrophenfantasie eines Untergangs lässt denn auch unterschwellig die Bereitschaft zu großer Heiterkeit entstehen, die schnell hervorbricht, sobald sich zum Beispiel einer der Weltreisenden, der diese Übung bei jedem Reiseabschnitt immer wieder neu über sich ergehen lassen muss, im Styroporkasten verheddert. Weniger auf ihre äußere Wirkung bedachte Passagiere nehmen diesen Konflikt gerne zum Anlass für einen kleinen Scherz (Männer) oder ein spitzes Lachen (Damen). Wie auch immer: Für die Dauer einer halben Stunde – länger dauert der Zauber nicht – sind alle gleich. Ob sie 1000 Euro für ihre Überfahrt bezahlt haben oder 50 000.

Und das ist ein absolut grandioser Einstieg, den man – wenn es ihn nicht schon gäbe – erfinden müsste. Damit wird nämlich klar, dass eine Kreuzfahrt mehr ist als eine Fahrt von A nach B. Sie ist »better than life«: Denn vor dem Meer sind alle gleich.

Durchsagen

Auf den weißen Luxuslinern dieser Welt gibt es etwas, wovon manche Mutter daheim träumt: Lautsprecher in allen Zimmern. Im Schiffsprech natürlich »Kabinen« genannt. Und warum? Um selbst in die letzten Winkel dieses gigantischen Eisenpottes wichtige Nachrichten zu tragen. Das ist notwendig, wenn im Notfall alle Anweisungen der Schiffsführung auch in der letzten Ecke zu hören sein müssen. Das versteht jeder.

»Aber muss ich denn als Langschläfer in meinem kuscheligen Bettchen liegend *(Kojen kann man die sehr gemütlichen bis luxuriösen Schlafstätten auf zeitgenössischen Cruiseships nicht mehr nennen)* nach einem ›wunnnnnnderschönen guten Morgen‹ des Kapitäns die genaue Positionsangabe des Schiffes zu hören bekommen? Damit ich weiß, wo wir sind? Zum Beispiel 32° 11′ Süd und 11° 57′ Ost. Dann weiß ich – schlaftrunken wie ich bin – natürlich sofort, dass wir uns ein bisschen verfahren haben und nicht in Richtung Kapstadt unterwegs sind, sondern in die falsche Richtung – nämlich auf den Atlantik hinaus. Wozu sagt der Kapitän so etwas durch? Damit ich zu meinem Bordbuch hechte und es dort eintrage? Ich gehe davon aus, dass der Chef die Route kennt, dass der Navi sie richtig berechnet hat und der Steuermann den Kurs halten kann. Ende. Ob wir da nun 32° 11′ Süd sind oder 12′, ist mir wurscht. Hauptsache, wir sind richtig. Und das kann ich aus meiner Kabine heraus nicht feststellen, sondern überlasse das den Profis auf der Brücke.

Okay, die ›early Birds‹, die um sechs Uhr ihren ersten Kaffee geschlürft haben, seitdem in der Panoramalounge oberhalb der Brücke die Schiffsbewegungen verfolgen und schon bei bloßer Sichtweite des Hafens unruhig mit den Füßen scharren, die interessiert das. Aber mich in meinem gemütlichen Bettchen nihiiiicht.

Bitte lieber Durchsagender, hab Erbarmen – und schweig. Seufz!

Warum muss es mir auch immer des Nachts so gut an Deck gefallen, dass ich keinen Absprung in die Kabine finde? Warum? Es kann nur an der Seeluft liegen. Genau. Die Seeluft. Heute Abend wird's anders. Aber warum eigentlich? Ich bin doch im Urlaub! Da kann ich doch machen, was ich will. Ich weiß, was ich nach dem Frühstück mache: Ich suche den Lautsprecher und klebe ihn zu. Oder … ich finde den Lautstärkeregler.«

Wer ihn nicht selber findet, bekommt an der Rezeption gesagt, wo er ist. Denn niemand muss die Durchsagen in seiner Kabine hören, wenn es nicht ein Notfall ist. Ist es aber ein Notfall, dann hilft auch der Lautstärkeregler nichts. Denn dann gehen die Durchsagen in voller Dröhnung durch Mark, Bein und Stahlwände. Und das ist gut so.

Eigene Reiseerfahrungen teilen

Falls Sie die hier gelesenen Geschichten inspirieren und Sie die eine oder andere selbst erlebte Geschichte auf See in der nächsten Auflage gedruckt sehen möchten, schreiben Sie sie mir unter:

Kreuzfahrtbuch@amadeus-ag.ch

Wenn sie gut ist, melde ich mich bei Ihnen. Echt. Ich liebe gute Geschichten vom Leben auf See. Deshalb Adresse nicht vergessen. Für das Belegexemplar.

Einschiffung

Tja, wenn man mal am Pier angelangt ist und das Schiff vor sich sieht, dann wird's ernst. Bis dahin ist ja vieles Vorstellung oder Erinnerung. Je nachdem, ob man mit diesem Schiff schon mal gefahren ist oder nicht.

In jedem Fall ist es aber immer wieder dasselbe: Wie groß (oder klein) es in Wirklichkeit sein mag, es macht (erstmals oder immer wieder) einen Rieseneindruck. Denn es ist »Ihr« Schiff. Und das ist das Größte überhaupt. *(Warum man so ein emotionales Verhältnis zu diesen Stahldingern auf dem Wasser aufbaut, ist dem Autor bis heute schleierhaft, aber es geht ihm genauso wie allen anderen. Das Ding ist »Mein Schiff« – auch wenn es anders heißt.)*

Die Schiffe werden meist in hochmodernen Kreuzfahrtterminals abgefertigt, bei denen man sich wundert, wie schnell das Einchecken tatsächlich geht: Antreten, Namen sagen, Kreditkarte oder dergleichen angeben, Foto für die Bordkarte machen lassen *(damit kein anderer mit ihr an Bord gehen kann)* und dann rauf auf die Planken, die überall zu Hause sind und doch nirgends daheim. Bei außereuropäischen Reisen muss man übrigens auch noch den Pass abgeben, da die Passformalitäten von den Hafenbehörden zentral im Schiff abgewickelt werden und man damit nichts zu tun haben braucht. Außer in Indien. Aber das ist eine andere Geschichte und wäre ein 24-bändiges Werk mit dem Titel »Der Inder und sein erotisches Verhältnis zur Bürokratie«. Doch zurück zum Ablauf der Einschiffung.

Die abgereisten Gäste haben meist zwischen 8 und 9 Uhr morgens das Schiff verlassen. Danach werden alle Kabinen von Grund auf gereinigt und für die nächsten Passagiere vorbereitet.

Sollten Sie auf eigene Faust anreisen, ist es empfehlenswert, einen Tag vorher in der Hafenstadt einzutreffen. Nicht nur weil ein *(aus welchen Gründen auch immer)* verpasstes Schiff weg und damit der Urlaub futsch ist *(da helfen auch keine Regressansprüche)*, sondern weil man in der Nacht vorher sowieso nicht tief schlafen kann – vor lauter Vorfreude. Und weil es einfach entspannter zugeht, wenn man schon da ist, wo es am nächsten Tag losgeht. Am Abend vorher bummelt man noch ein bisschen durch die nächtliche Stadt, schläft sich gut aus und erwacht morgens bereits im Urlaub. Nach dem Lunch macht man sich dann locker auf den Weg zum Einchecken im Hafen.

Auf vielen Schiffen mit individueller Anreise kann man gegen 16.00 Uhr, auf manchen schon um 15.00 Uhr einchecken *(weil die Kabinenperlen erst noch alles auf Hochglanz bringen müssen und auf amerikanischen Schiffen die Handtücher zu possierlichen Towel-Pets falten müssen)*. Danach begibt man sich mit seinem Handgepäck umgehend in die Kabine, zieht sich einen lockeren Schiffsdress an und schlendert an den Pool. Da sich die Anlieferung der Koffer, die man am Terminal abgegeben hat, hinziehen kann *(auf einem 1000-Passagiere-Schiff müssen schließlich 1000 Koffer in die richtigen [!] Kabinen gebracht werden)*, sollte man alles, was man bis zum Abend braucht, in seinem Handgepäck dabeihaben. *(➢ Siehe dazu auch »H wie Homeporting«)*

Eros

Ehe »Baby an Bord« auf irgendein Autoheckfenster geklebt werden kann, musste »Eros an Bord« gewesen sein. Auf Cruise-Ships hat er eine Jahreskarte.

Wie schreibt doch gleich der Dichter:

»Eros lässt sein rotes Band,
wieder flattern fern der Küste,
neue, unbekannt' Gelüste,
führen ahnungsvoll die Hand.«

Oder so. Es ist ein Phänomen – aber wahr: Der längere Aufenthalt auf Salzwasser regt die erotische Fantasie in den Gehirnen menschlicher Wesen ungemein an und entfesselt etwas, was bei vielen lange ruhte. Ob das an der jodhaltigen Luft oder den schmucken Uniformen liegt, ist ungeklärt. Tatsache aber ist: »Streifen machen attraktiv. Mehr Streifen machen attraktiver.« Bisweilen hat man(n) sogar das Gefühl, die Damen an Bord würden sich einen Sport daraus machen, möglichst viele Streifen zu »erlegen«. *(Böse Zungen behaupten, diese Disziplin hieße »Rutenlauf«.)*

Nicht dass sich die Offiziere dabei als Freiwild der Damen fühlen würden. Keineswegs. Eher als Paschas im Kreise wilder Löwinnen. Dabei verfügt der »König der Löwen« an Bord nur selten über eine besonders imposante Mähne *(Kapitäne sind pragmatische Entscheider mit Mathematiker-Hintergrund)*. Aber mit Streifen kann er dienen. Und zwar derer vier. So viele wie sonst keiner an Bord hat. Auf manchen Schiffen ist dabei der entscheidende ein ziemlich dicker. Natürlich in Gold.

Inwieweit sich die Breite der Streifen auf die Wandlung von maritimer Reise-Lust zur Lust-Reise auswirkt, ist nichts wirklich Stichhaltiges bekannt. Tatsache aber ist, dass dieses Thema, wie überall auf der Welt, auf den Weiten der sieben Weltmeere sehr individuell gepflegt wird und höchst unterschiedlich zum Einsatz kommt. Ein weiterer Punkt, worin sich die stolzen Luxusliner en détail und en gros voneinander unterscheiden. Wo es seriös zugeht und wo lasziv, muss sich allerdings jeder selbst erschließen. Denn hier erinnert sich der Autor seiner Kinderstube und breitet den Mantel der Verschwiegenheit über den Rest dieses Themas. Nur so viel sei noch kurz erwähnt: Manchmal lässt Eros sein rotes, mal sein rosa Band flattern. In jedem Fall treibt er es aber gerne bunt an Bord. Und diskret.

Essen

Das Restaurant ist einer der wichtigeren Orte an Bord. Für viele ist es sogar DER Ort an Bord.

Nur vordergründig dient nämlich das Restaurant der Aufnahme von Kalorien für den vom Reizklima ausgezehrten Körper des Reisenden. In Wahrheit ist es weit mehr. Es ist für viele der Hort, an dem *(eventuell anderweitig ausbleibende sinnliche)* Sehnsüchte gestillt werden. Deshalb werden verwöhnte Gaumen zu degustatorischen Höchstleistungen animiert, Geschmackspapillen durch edelste Tropfen zum Glühen gebracht und Riechepithele veranlasst, Glückwunschbotschaften an die Areale des olfaktorischen Gehirns zu senden, ob der sensorischen Wucht der wahrgenommenen Reize. *(Puh! Aber so ist es nun mal an Bord.)*

Nun weiß allerdings kein Mensch wirklich, warum auf Kreuzfahrten so viel gegessen wird. Die einen machen die salzhaltige Seeluft dafür verantwortlich, die anderen die viele Freizeit. Wieder andere meinen, dass der Hormonhaushalt durch den reichlich vorhandenen Jodgehalt der Meeresluft angeregt wird, der sich auch in anderen Gelüsten äußern kann und deshalb mehrmals täglich auf diesem Wege beruhigt werden muss. Tatsache ist jedenfalls, dass schon Albert Ballin, der Erfinder der Kreuzfahrt und Vater der Hapag, auf der ersten Kreuzfahrt die erlesensten Speisen auffahren ließ. Und das nicht nur einmal am Tag. Deshalb gilt bis zum heutigen Tag auf Kreuzfahrtschiffen:

Versuchen Sie,
nicht mehr als fünfmal am Tag zu essen!

Die durch die Köpfe von Landratten geisternden Vorurteile, dass auf Kreuzfahrten gern, viel und gut gegessen wird, sind also richtig. Dieser Sachverhalt ist eine Tatsache, die auch in der architektonischen Gestaltung der Schiffe ausgiebig berücksichtigt wird.

Da mit zunehmender Weltläufigkeit der Reisenden beim Essen die Zeichen auf Geschmacksvielfalt stehen, gibt es auf den großen Schiffen aber nicht nur diese zwei Restauranttypen, sondern zusätzlich eine Vielzahl an Bistros, Büfetts und Snack-Bars – und zwar in vielen verschiedenen Geschmacksrichtungen: Von der Tapas-Bar über die Sushi-Theke und den Steh-Italiener bis zum Sitz-Libanesen und bisweilen sogar sterngeschmückten Luxusküche. Denn bei »fünfmal täglich« soll es natürlich nicht eintönig sein. Wobei die Kunst dabei darin besteht, es fünfmal am Tag zu tun – ohne dadurch mehrere Konfektionsgrößen zu durchwandern.

Hier einige Tipps, wie Sie diese Kunst GARANTIERT NICHT erlernen und es stattdessen schaffen, Souvenirs mit nach Hause zu bringen, die Sie so schnell nicht wieder loswerden:

1. Da alles »inklusive« ist und die Köche »exklusive« Fachleute sind, sollten Sie auf der Speisekarte mindestens eine komplette Doppelseite an frisch zubereiteten Speisen abarbeiten. Wenn Sie sich zwi-

schen zwei Speisen nicht entscheiden können, nehmen Sie beide. Treffen Sie bloß keine Entweder-oder-Entscheidungen. Folgen Sie blindlings der Sowohl-als-auch-Strategie. Schließlich wollen Sie auf dieser Reise ja Neues kennenlernen.

2. Legen Sie sich bei der großzügigen Auswahl der Speisenfolge einige gängige Erklärungen für die mit am Tisch sitzenden Passagiere bereit: Sie sollen Ihre ausschweifenden Bestellungen ja nachvollziehen können. Etwa: »Die jodhaltige Seeluft regt meine Schilddrüse an.« Oder etwas forscher: »Man wird ja wohl noch mal probieren dürfen.« Oder eine mehr die eigene Biografie in Betracht ziehende Erklärung: »Bei uns zu Hause galt immer – es wird gegessen, was auf den Tisch kommt.«

3. Wenn Sie dann Ihr vielgängiges »Abendbrot« mit einer oder zwei Nachspeisen samt Espresso und Digestif hinter sich gebracht haben, gehen Sie nach dem Essen noch mal in den anderen Bars und Bistros schauen, was es da »noch so gibt«. Nehmen Sie sich hier ein paar »California-Rolls«, dort ein paar Tapas und dann vielleicht noch eine klitzekleine Pizza mit »auf den Weg« zum Abendprogramm.

4. Während der Showdarbietung sollten Sie sich das eine oder andere Bierchen gönnen und dabei fleißig den Erdnüssen oder Kartoffelchips zusprechen. Ei-

gentlich alles, was salzig ist. Das macht durstig und setzt gut an.

5. Nach dem Hauptprogramm läuft sicherlich noch irgendwo was anderes. In der Disco zum Beispiel, wo Sie allerdings unter keinen Umständen tanzen oder sich anderweitig bewegen sollten. Nur stille dasitzen, noch ein bisschen Gin Tonic trinken und dann nach oben gehen, um den Mitternachtssnack zu kosten. Chili con Carne zum Beispiel. Oder Schinken in Blätterteigpasteten. Auch Würstel mit Sauerkraut machen sich gut, sind meist schön gewürzt und rufen nach einem frischen Bier. Und der Zeitpunkt dafür ist optimal: Die Verdauungsaggregate Ihres Körpers haben bereits die Bürgersteige hochgeklappt und liegen nun auf der faulen Haut. Die zu diesem Zeitpunkt eingefüllten Speisen plumpsen deshalb einfach so in den Magen – und bleiben dort erst mal unbearbeitet liegen. Bis der Verdauungstrakt wieder das Licht einschaltet, die Maschinen anwirft und das »Liegengebliebene« aufarbeitet. Das kann allerdings so bis fünf Uhr früh dauern.

6. Es ist also geradezu (bio-)logisch, wenn sich zu diesem Zeitpunkt ein gewisses Völlegefühl breitmacht. Deshalb sollten Sie jetzt noch schnell an irgendeiner Bar den einen oder anderen Ramazotti oder Underberg draufgießen und dann gaaaanz langsam

in Richtung Kabine rollen. Morgen ist ja auch noch ein Tag.

7. Da gibt's dann einen Kapitänsempfang – bei dem es immer gratis Getränke und »kleine« Häppchen gibt. Oder eine Auktion, bei der – zur Enthemmung der möglichen Bieter – ausgiebig Champagner gereicht wird. Oder den »Erstfahrer«-Cocktail, bei dem die »First Time Cruisers« in die Gepflogenheiten der seemännischen Getränkeaufnahme eingeweiht werden. Oder, oder, oder. Vor allen Dingen gibt es aber morgens früh Rührei mit Speck und Bratkartoffeln. Dazu einen leichten Mosel und schon ist der Tag dein Freund. Gegen elf hilft ein kleines »Süppchen vom Rind« einsetzendes Sodbrennen zu neutralisieren und zu Mittag wird dem »rheinischen Sauerbraten« der Garaus gemacht. Und weil's gesund zugehen soll, gibt's vorher einen »Cesar's Salad« und zum Nachtisch was Frisches, eine »Birne Helene« oder so.

8. Falls Sie an einem solchen Tag im Schatten liegend bei einem erschöpften Verdauungsnickerchen vielleicht die Kaffeestunde mit Schwarzwälder Kirschtorte, Käsekuchen und Donauwellen verschlafen haben sollten, vergessen Sie nicht: Es gibt ja noch den Roomservice. Der ist 24 Stunden am Tag zu Ihren Diensten. Allerdings sollten Sie ihm jedes Mal ein ordentliches Trinkgeld geben, sonst lässt

er sich vielleicht beim nächsten Mal zu viel Zeit mit der Anlieferung der Köstlichkeiten und Sie fallen derweil vom Fleisch und leiden höllenmäßige Hungerqualen. Sie wissen doch: Wenn der Körper einmal daran gewöhnt ist, so viel Nahrung zu verdauen, dann MUSS man nachlegen. Da haben Sie gar keine andere Wahl.

Wenn Sie sich an diese Tipps halten, wird man Sie am Ende der Reise orange anstreichen und als Tenderboot einsetzen. Dann können Sie für immer an Bord bleiben.

Farewell

»Farewell« kommt vom mittelalterlichen »faren wel« und heißt so viel wie »Lebe wohl!«. Es ist nicht als Imperativ gemeint, es sich an Bord besonders gut gehen zu lassen. Eher das Gegenteil ist gemeint: Lebe wohl – und zwar woanders.

Ist dieser Begriff – zwischen »E wie Essen« und »F wie Fitness« – nicht ein bisschen früh in diesem Buch platziert? Das kann man so sehen. Aber der Ordnung halber muss auch gesagt werden, dass der Farewell-Abend IMMER zu früh kommt. Nämlich genau dann, wenn man sich so richtig auf den leichten Swing der Planken eingegroovt hat. Wenn man sich auf das tägliche »Eine neue Stadt liegt vor der Tür« gewöhnt hat und den Stoffwechsel so langsam auf die exzellente Verköstigung eingestellt hat. Gerade dann heißt es: Heute Abend müssen wir leider Abschied nehmen. Und schon beginnt nach einem festlichen Abendmenü der Crew-Chor »Auf der Reeperbahn nachts um halb eins« zu singen, und es wird einem ganz wehmütig ums Herz. Dann werden die farbigen Kofferanhänger ausgeteilt, die Uhrzeiten mitgeteilt, wann welches Deck von Bord geschleust wird und all der andere unerfreuliche Organisationskram eines geordneten Rückzugs von Bord. Und man fragt sich: Was machen die denn jetzt ohne mich?

Ich sage es Ihnen: Sie sind traurig ... Echt! Sympathische Gäste verliert man immer ungern. Zumal wenn man nicht weiß, was kommt. An Gästen. Spätnachmittags. Dennoch muss bis dahin alles picobello in Schuss sein. Und so beginnt der »Turnaround«-Mechanismus und alle, alle müssen arbeiten. Und vergessen den Abschied. Nur wir Verwöhnten, Gepamperten und exzessiv Beglückten, wir vergessen ihn nicht. Im Gegenteil. Wir nehmen ihn mit. Und das sollen wir auch. Denn wenn wir ein bisschen melancholisch und mit leicht schwankendem Schritt auf der Gangway zum letzten Mal für diesen Urlaub das Schiff verlassen, wissen wir intuitiv, dass der Satz richtig ist: »Kreuzfahrten sind wie Kartoffelchips – eine ist nicht genug!«

Deswegen heißt es auch eigentlich richtig: »Farewell – bis zum nächsten Mal!«

Fitness

Welch ein passendes Thema für Kreuzfahrtschiffe. Obwohl: Den Schiffen ist Fitness egal, aber dem einen oder anderen Passagier liegt das Thema schwer im Magen. Denn erstens locken allüberall diese wunderbaren Orte, an denen man den Köstlichkeiten frönt und seinen von der »aggressiven Meeresluft ausgezehrten Körper stärken« kann *(Originalzitat einer beleibten und sinnenfrohen Dame in der Schlange am kalten Büfett)*. Und dann wird einem ja auch noch 24 Stunden lang jeder Wunsch von den Lippen abgelesen. Da macht sich schon eine gewisse Faulheit breit. Aber genau dieser Faulheitsniederschlag fördert nur äußerst widerstrebend den Gedanken, sich dynamischen Leibesübungen auszusetzen.

Gut. Man kann sich über das schlechte Gewissen auch hinwegsetzen. Frei nach Scarlett O'Hara aus »Vom Winde verweht«: »Morgen ist auch noch ein Tag!« Aber dann muss man an Land ständig zum Fachgeschäft seines Vertrauens eilen und sich mit den textilen Möglichkeiten der nächsthöheren Konfektionsgröße auseinandersetzen. Der Arzt wird alsbald bei den nächsten Untersuchungen immer deutlicher etwas zum Generalthema »Herz-Kreislauf« murmeln und alle Architekten dieser Welt bauen hinterhältigerweise immer steilere Treppen. So weit muss es nicht unbedingt kommen.

Nein, ich säusele Ihnen jetzt nichts von den fantastischen Möglichkeiten der Mucki-Buden an Bord ins Ohr, und auch nichts von den Glücksgefühlen, die einen durchströmen, wenn man die 146. Runde auf der schiffseigenen Tartanbahn um den Schornstein herumgelaufen ist. Natürlich ist es schön, wenn das Schiff so etwas hat – weil es ein tolles Erlebnis für jeden Läufer ist, wenn man so hoch über dem Wasser mit einem Blick auf die schiere Unendlichkeit des Ozeans seine Runden drehen kann. Aber wer das Laufen nicht gewöhnt ist, muss sich so was nicht anhören. Echt nicht.

Was also tun? Ganz einfach: Jedes Luxusschiff ist hoch und hat manchmal sogar 14, 15 Decks, wobei der Pool meist ganz oben ist *(damit man sich sonnen kann)*, das Restaurant aber meist deutlich weiter unten liegt *(damit die Küche nicht so weit von den Laderäumen im Bauch des Schiffes entfernt liegt)*. Und bei den meisten Passagieren liegt die Kabine irgendwo dazwischen. Bei wem der Bewegungsapparat problemfrei funktioniert, der sollte also die architektonischen Gegebenheiten an Bord ausnutzen und Treppen steigen. Zum Wohle seines Körpers – und seines Gewissens. Danach schmeckt es umso besser. Und der innere Schweinehund hält auch die Futterluke – *auf*!

Wie auch immer: Sie verstehen schon, wie Fitness hier verstanden wird. Nicht als exzessive Grundhaltung, um aus seinem eigenen Körper ein athletisches Modell zu machen, sondern als Versuch, die Balance zu halten zwischen Nährstoff-Im-und-Export.

Frühschoppen

Man mag es glauben oder nicht: Der Bayer ist der Andalusier Deutschlands. Nicht weil er auch den Flamenco tanzen würde oder eine Woche nach Ostern das größte Fest des Landes, die »Feria«, abhielte. Nein, der Bayer tanzt den Schuhplattler und hält das größte Fest des Landes auf der Münchner Theresienwiese erst Ende September ab *(weshalb es auch »Oktoberfest« heißt)*.

Aber der Bayer stellt *(wie der Andalusier für Spanien)* das dar, was sich der Ausländer als »den« Deutschen vorstellt. Und das ist kein Wunder, denn der deutsche Mensch zur See unternimmt alles, um diesen Eindruck noch zu verfestigen. Stichwort »Frühschoppen«. Den gibt's zwar in Westfalen ebenso wie in Hamburg und Köln oder Baden-Baden. Doch wenn außerhalb Deutschlands irgendwo ein »Frühschoppen« abgehalten wird, dann findet er an weiß-blau karierten Tischdecken, mit Weißwürsten, Händlmaier-Senf und Brezen statt, serviert von jungen Kellnerinnen und Kellnern in Dirndl und Lederhosen.

So ist das auch und gerade an Bord. Denn auch dort vergeht kein Reiseabschnitt, an dem nicht ein Frühschoppen abgehalten wird. Allerdings nicht mit bayerischem, sondern dem besten Bier der Welt: Freibier. Auf diese Weise wird der kontrollierte Exzess mit freiwilligem Eintauchen vereinzelter Gäste in den Swimmingpool in voller Bekleidung ermöglicht, die allgemeine Stimmung der Gäste gesteigert und die Gruppendynamik der Passagiere untereinander optimiert. So ist der Frühschoppen im besten Sinne als ein effektives Blitzableiter-Ritual zu verstehen, das wie ein reinigendes Gewitter aufkommende Wolken am »Himmel des gegenseitigen Verständnisses« zwischen den Passagieren hinwegfegt und darüber hinaus jedermann das Gefühl gibt, auf dem richtigen Dampfer zu sein.

Garderobe

Bei der Auswahl des richtigen Kreuzfahrtschiffes sollte man sein Augenmerk nicht allein auf die Reiseroute und Kabinenausstattung legen, sondern auch der textilen Dimension Aufmerksamkeit schenken. Es gibt nämlich Schiffe, auf denen ganzwöchig »casual Friday« angesagt ist. Bei anderen wird sehr viel Wert auf »festliche Eleganz« gelegt. Beides ist okay – wenn man es so gebucht hat. Aber jede maritime Exkursion kann ins Wasser fallen, wenn man nachhaltig »daneben« gekleidet ist.

Stellen Sie sich vor, Sie kommen abends in den Speisesaal und sind voll »casually dressed«, während alle anderen in schwarzem Tuch mit Perlenkette und Armani zu Tische sitzen. Da kommt man sich doch vor wie der arme Vetter aus Dingsda. Oder andersherum: Man erscheint im langen Abendkleid mit Glitzertäschchen und Smokingträger am Arm, während alles bestenfalls in Leinenhose und Poloshirt über der Suppe hockt. Der Verdacht, »auf Traumschiff machen zu wollen«, liegt dann vielen auf der Zunge, was man sich eindeutig ersparen sollte. Womit nichts, aber auch gar nichts gegen das »Traumschiff« gesagt werden soll. Im Gegenteil. Obwohl es wohl keine Fernsehsendung gibt, die von ihrem Drehbuch vorhersehbarer ist als das »Traumschiff«, gehören seine Folgen für den »Kreuzfahrtabhängigen« im Allgemeinen und die Passagiere des Traumschiffs im Besonderen zum televisionären Muss. Lindert es doch die Sehnsucht nach dem Blick über die Reling auf die Weite des Meers …

Zurück zur Garderobe.

Damit wir uns nicht falsch verstehen. Nichts gegen einen zünftigen Kostümzauber nach dem Motto: Alles wirft sich in Schale und fühlt sich bedeutend. Das ist lustig und hebt die soziale Performance. Viele Leute gehen ja miteinander meist kultivierter um, wenn sie entsprechend gewandet sind. Aber das darf nicht zur Mauer gegen die Realität werden. So in etwa: Wir sind was Besseres! Das ist man nämlich sowieso in den meisten Häfen dieser Welt, wenn man mit einem weißen Kreuzfahrtschiff vorfährt. Deshalb sollte man – trotz aller Verschmückungslust – an Land immer schön die Bescheidenheit pflegen. Zumal die Realität meist in anderen Ländern etwas weniger rosig ausschaut als an Bord. Das ist nicht nur eine Frage von Anstand und Geschmack, sondern dient der Bewusstseinshebung. Denn anhand des Kontrastes zwischen maritimem Bordleben und Alltagsrealität an Land kann man sich in Erinnerung rufen, wie gut es einem geht! Aufgeklärte Zeitgenossen reagieren darauf mit Dankbarkeit, weniger kluge mit Überheblichkeit.

Wie auch immer. Es ist schön, wenn die äußere Schale Spiegelbild der inneren Haltung ist. Zumal wir in unserem Inneren in jedem Fall vielseitiger als immer nur »elegant« oder immer nur »casual« sind. Innen drin sind wir Abenteurer und Forscher, Vagabunden und Bazis, Verführer und Verführte, Fantasten und Kinder, Experten und Begeisterbare, Sieger und Looser. Wer nur EINE Rolle draufhat, ist ein armer Wicht, denn der kennt sich nicht.

Deshalb sollte man die Garderobe als situationsbedingte Ver-Kleidung verstehen. Als Ausdruck einer momentanen, frei gewählten Rolle. Und deshalb sollte man auch sein Schiff danach aussuchen, ob man das sein kann, was man ist. Oder zumindest gerne wäre. Zum Beispiel »locker« oder »der große Gatsby«. Jedem das Gebuchte!

Gerüchte kochen

Der Weltreisende macht an Bord eines Luxusliners eine Erfahrung, die ganze Generationen von wohlhabenden Engländern kennen: Sie fühlen sich unterfordert. Der begüterte Brite hat sich deshalb schon vor Urzeiten auf das Erlernen von Bewegungsspielen verlegt, die er sich von anderen Kulturen abgeschaut hatte. Und hat sie als kulturelle Höchstleistungen seiner eigenen Zivilisation ausgegeben. So schaute er den benachbarten Schotten ab, wie man eine kleine weiße

Kugel mit einem Stock über eine Wiese treibt, auf ein Loch zu – um sie darin zu versenken. Aus unverständlichen Gründen nannte er diese Tätigkeit »Golf«. Kurzsichtige Verwandte fanden das zwar amüsant, doch etwas unbefriedigend, weil sie die kleine Kugel auf der weiten Wiese schnell aus den Augen verloren. Sie ließen sich deshalb größere aus Holz drechseln und schubsten sie mit hammerartigen Schlägern durch Tore hindurch. Neben der besseren Sichtbarkeit hatte das den Vorteil, dass sie sich bei dem »Croquet« genannten Spiel nicht so weit von ihren alkoholischen Getränken an der Bar entfernen mussten. Noch Gehfaulere wollten ganz am Tisch stehen bleiben und nur ein paar Kugeln durch die Gegend schubsen. Damit sie nicht runterfallen konnten, ließen sie einen Rahmen um die Tischplatte bauen und die Fläche mit grünem Filz bespannen. So machten die Kugeln beim Rollen keinen Lärm und man konnte die zivilisierte Form des Gesprächs auch beim »Snooker« akustisch unbelästigt fortführen.

Wie komme ich darauf? Ach ja, die Langeweile.

Will sagen: Es handelt sich dabei um einen weithin zu Unrecht negativ besetzten Bewusstseinszustand, der in erheblichem Maße zur Erholung des Menschen beiträgt. Tiere wissen zum Beispiel nichts über die Länge der Weile, leiden aber an ihrer Muße keineswegs. Und sind *(deswegen?)* deutlich entspannter als der Kollege »Anthropos«.

Was also tun, wenn einem an ruhigen Seetagen der Himmel auf den Kopf zu fallen droht und man Gefahr läuft, auf dumme Gedanken zu kommen? Genau das: auf dumme Gedanken kommen.

Wagen Sie also – very british – ein Spielchen. Zum Beispiel das Gerüchtespiel. Die Regeln sind einfach und die Handhabung unaufwendig: Sie und eine Person Ihrer Wahl dürfen jeweils mithilfe eines Dritten ein selbst erdachtes Gerücht in Umlauf bringen. Selbstverständlich in vollem Ernst. Wessen selbst angerührtes Gerücht als Erstes wieder bei seinem Koch ankommt, ist der Sieger.

Ein Beispiel:

Gerücht I
Sie nehmen die allein reisende, pensionierte Lehrerin beiseite und vertrauen ihr an *(»Kann ich offen mit Ihnen reden?«)*, dass es ja in jedem Kreuzfahrtschiff einen Kühlraum gebe, in dem fast immer mindestens einer läge. Nicht zum Ausruhen, sondern final. Jawohl. Aber bei dem Zustand einiger Passagiere sei das ja auch kein Wunder. Man verstehe natürlich, dass sie frisch gehalten werden müssten. Schon allein wegen der Erben. Die müssten ja schließlich nachweisen können, dass der Erbfall eingetreten ist und der Erbonkel nicht wie Paul Gauguin minderjährige Insulanerinnen bespricht, um sie die schönen Künste zu lehren. »Ist Ihnen in diesem Zusammenhang eigentlich aufgefallen,

dass Dr. Dunkelmann schon seit mehreren Tagen nicht mehr zum Essen erschienen ist? Ihm wird doch nichts zugestoßen sein?«

Gerücht II
Ihr Mitspieler zieht seinen Tischnachbarn, einen früheren Korvettenkapitän, ins Vertrauen und erzählt ihm *(»unter uns Pastorentöchtern«)*, dass der erste Offizier einen sehr bedrückten Eindruck mache. Er, als ehemaliger Korvettenkapitän, kenne doch den Druck der Einsamkeit an Bord. Und so ein erster Offizier sei ja nun für die reibungslose Fahrt des Schiffes von zentraler Bedeutung. Könne man ihm denn nicht jemanden zuführen? »Die Kleine am Empfang schaut ihn immer so empfangsbereit an. Noch nicht gemerkt? Achten Sie mal drauf …«

Dieses Spiel ist deshalb ideal für das Bordleben, weil es erstens alle mit einschließt *(auch wenn Sie gar nicht wissen, dass Sie mitspielen)*, zweitens weil die gestreuten Informationen interessante Veränderungen bei jeder Runde erfahren und weil es drittens einer sehr genauen Beobachtung des Bordlebens bedarf, damit man ein Gerücht streuen kann, das so wahrscheinlich ist, dass es jeder für wahr halten könnte.

Kurzum: Das verantwortungsvolle Betreiben des Gerüchtespiels fördert die Auseinandersetzung mit den mentalen Fähigkeiten seiner Mitreisenden ganz beträchtlich. Es zeugt überdies von Feinfühligkeit und

Fingerspitzengefühl im Umgang mit der Wahrheit und weist empathisch jedem eine Aufgabe zu, der er gewachsen zu sein scheint.

Nach mehreren Runden – die sich über Tage hinziehen können – heißt es dann allerdings, den Überblick zu bewahren. Vor allem, wenn auch andere das Spiel entdeckt haben und selbst streuen, was das Zeug hält. Das kann einen ganz schön fordern.

Aber wie sagt der Engländer: »No risk, no fun!«

Große Schiffe – *und kleine*

Bei dieser Überschrift stellt sich als Erstes die Frage: Was ist Größe und wie wird sie gemessen? In »Bruttoregistertonnen« oder – mit der neuen Bezeichnung – in »Bruttoraumzahlen«? Das trifft zu, wenn es um die Berechnung der Hafengebühren, der Kosten bei Kanal- oder Schleusendurchfahrten sowie des Lohns für den Lotsen geht. Das wird nämlich alles von der Bruttoraumzahl des Schiffes abhängig gemacht! Womit feststeht: »Size matters!«

Für den zahlenden Passagier dagegen ist eine andere Größe wichtig: Wie viele Passagiere sind an Bord? Und vor allem: Wie viele ergießen sich an Land, wenn das Schiff im Hafen liegt?

Wenn man zum Beispiel in Gibraltar anlandet, ist es

ein Unterschied, ob 400 Personen von Bord gehen oder 2000. Die erste zu nehmende Hürde liegt dabei in der generalstabsmäßigen Organisation, mit der 2000 Passagiere an Land kommen können – ohne zu viel Wartezeit mit Schlangestehen zu verbringen. Das schaffen die großen Schiffe erstaunlicherweise sehr genial – und sympathisch. Ich sage nur AIDA.

Die zweite (nicht nehmbare Hürde) stellt sich mit der Frage, ob man noch etwas Neues von Gibraltar sieht, wenn plötzlich 2000 Leute in den kleinen Gässchen auf und ab gehen, die man schon die ganze Zeit vorher gesehen hat. *(Die Passagiere, nicht die Gässchen. Die will man ja gerade sehen und kann nicht – genau wegen der vielen Passagiere.)*

Vollends negativ wird die Frage beantwortet, wenn man sich dieses Szenario im 300-Seelen-Dorf Geiranger am gleichnamigen Fjord in Norwegen vorstellt oder gar im winzigen Lüderitz in Namibia! Da sieht man sich. Ständig.

Diese Frage stellt sich naturgemäß nicht, wenn Städte angelaufen werden wie Sydney, Barcelona oder New York. Da verlaufen sich 2000 Männlein sehr schnell.

Generell gilt: Große Schiffe sorgen in kleinen Hafenstädten schnell für Tourismus-Frust. Und was will uns der Dichter damit sagen? Spricht das etwa gegen große Schiffe? Keineswegs! Nur bei der Wahl seines Schiffes sollte der kundige Passagier auf die Route und ihre Destinationen achten. Damit er nicht in Häfen vorfährt, in denen Bataillone von Reisenden einigen wenigen Einheimischen gegenüberstehen, die sich verschreckt hinter die Tresen ihrer Souvenirshops zurückziehen, wo sie verschüchtert auf das Ende der Invasion warten. DAS haben weder Sie noch die Eingeborenen verdient.

So. Damit sind die Nachteile großer Schiffe aber auch schon erschöpft. Denn große Dampfer haben enorme Vorteile, was die Zerstreuungsmöglichkeiten an Bord betrifft. Meist ist das Entertainmentprogramm der großen Pötte nämlich professionellst ausgefeilt, ausgesprochen vielseitig und von hoher Showqualität. Dargebracht wird das Ganze in Entertainment-Arenen von bis zu drei Stockwerken, was echte Größe atmet.

Daneben sind die Beschäftigungsmöglichkeiten an Bord dieser Schiffe Legion – mindestens! Und bieten einiges: dem jugendlichen Abenteuerurlauber, der an steilen Wänden freeclimben kann, den seriösen Freizeitgolfern, die am Simulator ihren Schwung verbessern, bis zu den daueraktiven Läufern, die auf dem Open-Air-Jogging-Parcour ihre Runden drehen, während unter ihnen das Schiff majestätisch seine Bahn in der Weite des Meeres zieht. Und ganz Faule liegen im Whirlpool und lassen sich den Barbesuch vom Vorabend aus den Muskeln strudeln. Kurzum: Die Spas sind größer, die Beauty-Bereiche weitläufiger und die Sauna-Landschaften verführerischer als auf kleineren Schiffen. Müssen sie auch. Schließlich sind auch mehr Passagiere an Bord.

»Zerstreuung an Bord« ist übrigens nicht nur als geistige Ablenkung gemeint, sondern sehr wohl auch als abnehmende physische Menschendichte auf den verschiedenen Decks. Denn wie der Name schon sagt, haben »große« Schiffe mehr Platz. Gleichzeitig bieten sie die an Land viel zu selten gepflegte Gelegenheit, neue Menschen kennenzulernen. An Bord geht das alles sehr spielerisch. Wenn zum Beispiel der Kapitän seine kleine Begrüßungsansprache zu Beginn der Reise hält, muss das an einem Ort sein, wo alle Passagiere *(oder zumindest viele)* Platz haben. Zum Beispiel in der Eingangshalle, die je nach Schiff über acht Decks nach oben offen sein kann und an deren Geländern Hunderte von Passagieren stehen, die sich danach in die diversen Bars und Restaurants ergießen. Sich dabei kennenzulernen und miteinander ins Gespräch zu kommen, ist ein Leichtes. Das macht locker. Und unverbindlich freundlich. Zumal man – falls eine Bekanntschaft nicht ganz so dolle ausfällt – auf großen Schiffen viele Ausweichmöglichkeiten hat. Ein nicht zu unterschätzender Vorteil.

Generell gilt: Auf großen Schiffen gibt es mehr Raum für die Entfaltung der eigenen Individualdistanz und restauranttechnisch ist für jeden Geschmack garantiert etwas dabei. Auch vermischen sich die Altersgruppen besser, wobei der Altersdurchschnitt auf den AIDA-Schiffen ohnehin tiefer liegt (ca. 42) als auf den klassischen Kreuzfahrtschiffen (meist 50+).

Und worin liegen nun die Vorteile von kleineren Schiffen? Sind das etwa Auslaufmodelle? Never ever!

Auf kleineren Schiffen geht es zunächst einmal sehr viel persönlicher zu, weil einfach weniger Gäste an Bord sind und man sich um jeden Einzelnen mehr kümmern kann. Genauso wichtig ist die Tatsache, dass die kleinen Schiffe außerhalb der klassischen Feriensaison – und das sind immerhin gut sechs Monate des Jahres – auf Weltreise gehen oder sich zumindest da aufhalten, wo die Sonne scheint *(z.B. weil's in Europa nieselt oder kalt ist)*. Das bedeutet: neue Routen und andere Länder. Aber auch: weniger junge Familien und noch weniger Kinder an Bord. Das ist zwar logisch, weil die sich ja an die Ferienzeiten halten müssen, aber manchmal muss man eben an die Randparameter denken und schon tun sich neue Perspektiven auf. *(Welches der Schiffe demnächst auf Weltreise geht, welche Stationen es anfährt und wann, weiß übrigens Ihr Reisebüro.)*

Es wundert in diesem Zusammenhang sicherlich niemanden, dass Expeditionsschiffe zu den kleineren Schiffen gerechnet werden. Weil Expeditionen eben schon immer nur einem kleineren Interessentenkreis vorbehalten waren. Diese Schiffe haben oftmals einige technische Besonderheiten. Dazu gehört ihr Tiefgang – also wie viele Meter sie unterhalb der Wasserlinie noch weitergehen. Gehen sie nicht besonders weit, können sie Ziele anlaufen, die die großen Pötte noch nicht mal von Weitem sehen können. Wie zum Beispiel Städte wie Sevilla oder Rangun *(die Metropole Burmas)*, die beide etwas ab vom Meer tief in Flussmündungen liegen. Und auch der Amazonas vom peruanischen Iquitos an gehört dazu, ebenso wie die chilenischen Fjorde (➢ *siehe Destinationen*). Hat ein Expeditionsschiff eine hohe Eisklasse *(das bedeutet, dass es eine speziell verstärkte Außenhaut hat)*, kann es sich im hohen Norden sogar in die Nordwest-Passage wagen – und im Süden in der Antarktis auch schon mal durch dünnere Eisdecken brechen. Eine faszinierende Erfahrung. Auch akustisch: Wenn's da knackt und brizzelt, dabei die schneeweiße Schicht auseinandergeschoben wird und sich darunter tiefschwarzes Wasser auftut, von dem man weiß, dass es nicht nur tödlich kalt ist, sondern auch gnadenlos tief. Das gepaart mit einer untergehenden Sonne, die die unendlich scheinende weiße Landschaft in mildes Rot taucht – das ist schon ein Bild, das man nicht mehr vergisst.

Überhaupt steuern kleinere Schiffe generell Häfen an, die für die großen Brummer nichts sind. Zum einen, weil dorthin nicht mit jeder Fahrt gleich 2000 Leute wollen, sondern eben nur 200. Zum anderen, weil diese Häfen für die Giganten der See nicht ausgelegt sind – weder von der Fahrrinne noch von den Kaianlagen. Generell kann man sagen, dass die kleineren Schiffe gerne etwas ausgefallenere Destinationen anlaufen, wohingegen die großen die gängigen Routen bedienen.

Der Ordnung halber soll hier nicht unerwähnt bleiben, dass die Schiffe, die hier als die kleineren bezeichnet werden, am Pier eine Größe vorweisen, die einem sehr viel Respekt einflößt. Das kann man von den großen Pötten ehrlich gesagt gar nicht sagen, weil man deren Ausmaße an der Pier überhaupt nicht ausmachen kann. Eine »Queen Mary 2« erkennt man nur von großer Entfernung als ein zusammenhängendes Schiff. Am Kai stehend wird es einem nur dunkel vor Augen. Das liegt nicht nur an ihrem schwarzen Rumpf, sondern auch an der Höhe dieses Kahns. Und wenn man ein Ungetüm wie die »Allure of the Seas« mit Platz für 5400 Passagiere zu Gesicht bekommt, dann gehen einem einfach die Gedanken aus. Und man fragt sich, ob man im Physikunterricht vielleicht etwas überhört hat, weil solch ein Koloss doch eigentlich gar nicht schwimmen können darf.

Noch ein Wort zu amerikanischen Schiffen:

Wenn man sich in Katalogen anschaut, was Kreuzfahrten »made in USA« kosten, ist man oft erstaunt, wie günstig sie sind. Das ist aber kein Zufall, sondern Absicht. Denn die Anwesenheit an Bord ist die notwendige Voraussetzung, damit die Passagiere in Spielsalons und Shopping-Malls ihr Geld ausgeben können. Oder müssen, weil sie keine andere Wahl haben – da die Konkurrenz am Ufer ist und weit entfernt. Wenn Sie verstehen, was ich meine. Auf den US-Schiffen geht es nämlich oftmals weniger ums Reisen als vielmehr um das Geldausgeben an Bord. Das ist zwar keine Pflicht. Es wird aber gern gesehen. Und alles dafür getan, dass man sich dran hält.

Auch der Erwerb und Genuss von Getränken ist nur an den bordeigenen Bars gestattet. Deshalb werden die

Passagiere nach ihren Landgängen streng kontrolliert, ob sie nicht von Land ein Fläschchen Alkohol mitbringen. Wenn ja, wird es beim Wiedereinstieg einkassiert. Das Argument lautet: Die »Hygienevorschriften« wollen es so. Der wahre Grund ist aber: Es soll getrunken werden, was an der Bar ausgeschenkt wird. Denn die Dollars der Passagiere gehören aufs Boot, nicht in die Liquorshops an Land.

Wer also das, was eine Kreuzfahrt auf einem europäischen Schiff kostet *(oft All-inclusive-Preise)*, mit dem vergleichen will, was eine Kreuzfahrt auf einem US-Schiff verschlingt, der muss diese »weichen Kosten« mit einberechnen. Und die schlagen schleichend, aber folgenschwer zu Buche.

Und noch was: Bei diesen Vergleichen sollte man nicht vergessen, dass man sich auf US-Schiffen nur dann einschiffen sollte, wenn man willens ist, seine Kreuzfahrt im englischen Idiom zu führen.

Zum Schluss eine prononcierte Abgrenzung:

✷ In der **klassischen Kreuzfahrt**, die meist von kleineren Schiffen gepflegt wird, geht es darum, auf amüsante Art neue Länder kennenzulernen. Die Kreuzfahrt dient dabei zur Überbrückung der Zeit, bis man am eigentlichen Ziel angelangt ist – den fernen Ländern. Die erkundet man dann so gut als möglich und verschafft sich einen eigenen Eindruck von ihnen.

✵ In der **modernen Kreuzfahrt**, die vorderhand von den großen Schiffen verfolgt wird, ist dagegen der Aufenthalt auf den Schiffen das eigentliche Ziel – und der Besuch der Destinationen dient der folkloristischen Ergänzung des Bordprogramms.

✵ In der ganz hochpreisigen **Kreuzfahrt der Super-Luxus-Klasse** wird beides miteinander verbunden – luxuriös-abwechslungsreicher Aufenthalt an Bord und exotische Ziele. Aber so ist das nun mal auf der Welt: Wenn man alles haben will, muss man meist auch alles auf den Tisch legen. Bargeldmäßig.

Das ist keine Wertung, sondern eine auf die Spitze getriebene Abgrenzung unterschiedlicher Reisekonzepte. Denn wir wissen ja alle: Übertreibungen dienen der Veranschaulichung. Und wenn mich nun jemand fragen würde, wie er sich entscheiden solle – ob für ein großes oder ein kleines Schiff –, dann sagte ich ihm:

»Beginnen Sie mit den großen Schiffen und lassen Sie sich dort vom Urlaub auf See begeistern. Und wenn Sie dann wissen, was Ihnen wichtig ist am Reisen auf See, und Sie die gängigen Routen gesehen haben, dann wechseln Sie zu den kleinen Schiffen mit den ausgefeilten Individualkonzepten.«

Gutes Schiff

Und weil wir schon mal dabei sind, nun die Frage: Was unterscheidet ein gutes Schiff von den anderen?
Güte hat zuallererst etwas damit zu tun, wo man sich wohlfühlt. Und dazu gehört, dass man zunächst mal das bekommt, was man bestellt hat. Wer also Remmidemmi haben möchte und sich auf einem klassischen Kreuzfahrtschiff statt auf einem Partyschiff einbucht, könnte enttäuscht werden und sich fehl an Bord fühlen. Ebenso wer gerne durch landeskundliche Vorträge die bereisten Länder erklärt haben möchte, aber auf einem Clubschiff statt einem Expeditionsdampfer anheuert. Kurzum: Zuallererst muss man selbst wissen, was man gerne hätte – und sich das passende Schiff aussuchen. Aber das Reisebüro Ihres Vertrauens hilft Ihnen bei dieser Sondierungsphase gerne weiter. In der »Phase eins« liegt der Ball also erst mal bei Ihnen.

Erst wenn man seinen Schiffstyp gefunden hat, kommt man zur »Phase zwei« und der Frage, was ein gutes von einem sehr guten Schiff unterscheidet.

An dieser Stelle betreten die Damen und Herren des Service die maritime Bühne. Und zwar ist dabei nicht ausschlaggebend, ob sie wissen, welche Garnitur zum Rinderfilet »Strindbergh« gehört, ob sie eine Seezunge filetieren oder am Tisch flambieren können. Vielmehr ist wichtig, ob sie ihren Gästen helfen, ihr Erwartungsmanagement in den Griff zu bekommen. Das würden sie natürlich so niemals sagen. Aber meist geht es genau darum.

Das ist zwar ohnehin das, was jedermann in seinem Leben Tag für Tag hinkriegen muss. Oder zumindest sollte: Die Erwartungen möglichst realistisch halten und sich an den auftauchenden Möglichkeiten und Chancen freuen. Statt sich über deren Ausbleiben zu ärgern. Wenn dieses eigene Erwartungsmanagement aber mal gerade nicht so gut klappt *(zum Beispiel weil man sich schon so dolle auf die Seereise gefreut hat und einem das Wetter, ein Insulaner oder ein missgünstig gestimmter Mitreisender einen Strich durch die momentane Freude zu machen versucht)*, dann sollte ein sehr guter Service genau diejenigen erkennen, die just von einer solchen Unzufriedenheit beschlichen werden – und zwar noch bevor sie ihre Unzufriedenheit äußern. Ein solch sensibles Frühwarnsystem und die Fähigkeit, mit ein paar sympathischen Worten auf den Passagier zuzugehen, das Gespräch mit ihm zu suchen und ihm dabei zu helfen, den Anlass seiner Unzufriedenheit anders anzuschauen und am Ende wieder zu lachen – DAS macht ein Schiff zu »meinem« Schiff.

Hafen

Der Hafen ist ein mit einem Schiff befahrbares Randstück der Erde. Damit ist nicht der Globus gemeint, sondern der betretbare, feste Untergrund der Kontinentalplatten. Auch »Festland« genannt. Als Randstück oder Grenze zwischen Flüssigem und Festem hat er natürlich etwas archaisch Faszinierendes. Das kann man schon daran erkennen, dass bei Anlegemanövern die Reling auf der Kai-Seite regelmäßig gut besucht ist.

Na gut, es sind meist Jungs, die sich diesen Vorgang mit fachmännisch-skeptischem und gleichwohl interessiert-neugierigem Blick anschauen, wohl wissend, dass der einparkende Kapitän hinreichende Erfahrung bei der Durchführung dieses Vorgangs hat. Aber in ihren Blicken liegt mehr als nur technisches Interesse. Es ist der sinnlich verfolgbare Vorgang des Ankommens in der gewohnten Welt des Festlandes, der sie interessiert. Nach ein oder zwei Tagen voll Sonne und Meer.

Als Grenze zwischen Wasser und Festland wundert es denn auch nicht, dass der Hafen der Hort der Sicherheit schlechthin ist. Besonders dann, wenn man von einer sehr bewegten See kommt. Gut, das gilt meist nicht für Kreuzfahrten, denn Kreuzfahrtschiffe kreuzen überwiegend da, wo die Sonne scheint.

Häfen verfügen von »langweilig« bis »fantastisch« über alle Facetten, die unsere Welt ausmachen. Sicherlich auch über das, was die Halbwelt ausmacht, aber dahin kommt man als Reisender eines Kreuzfahrtschiffes nur sehr selten. Im Gegensatz zum temporär allein lebenden Matrosen an Bord. Für den ist das der wichtigere Teil des Hafens. Dennoch werden die Häfen der Gegenwart von anderen Dingen geprägt als dem Gefühl, das sich »auf der Reeperbahn nachts um halb eins« einstellt.

Sydney zum Beispiel hat einen Hafen, den man mindestens einmal erlebt haben muss. Vom Kai aus betrachtet ist er schon toll, aber wenn man abends auf dem Achterdeck seines Schiffes steht, das der Kapitän vielleicht sogar rückwärts eingeparkt hat – also mit dem Achterdeck zu Stadt und Opernhaus hin –, dann verschlägt einem die zum Greifen nahe Skyline Atem und Sprache. Die beleuchteten Hochhäuser, flankiert von der angestrahlten Oper – die übrigens von außen sehr viel schöner ist als von innen –, sind ein Anblick, den man richtig tief in sein Herz sickern lassen muss. Ebenso wie die Ausfahrt. Vorbei an traumhaft schön gelegenen Stadtvillen, die ihre grandiosen Glasfronten zu den vielen Buchten der natürlichen Hafeneinfahrt Sydneys hin öffnen. Das sind Bilder, die man nicht mehr vergisst. Erfreulicherweise. Denn an solchen Bildern kann man sich bei heimischem Schmuddelwetter auch in der Erinnerung noch laben.

Zu den »Musts of Asia« gehören die Häfen von **Hongkong** und **Singapur**. Sie sind einfach spektakulär. Weil in ihnen eine Vitalität brodelt, von der europäische Menschen nur träumen können. Denn zu solch quirligem Sein ist der »Homo europaeicus« nicht mehr fähig. Viel zu rasant. Viel zu riskant. Alles!

In Hongkong dümpeln außerdem zwischen den modernen Schiffen jede Menge alter Dschunken durch das Becken, karren Fährboote Schiffsladungen Arbeitswilliger an Land und knattern Helikopter durch die Luft, die die Tycoons auf die Dächer ihrer Hochhäuser fliegen. In Singapur sieht man neben solchem Gewimmel ein Hotel, das zu dieser Stadt der Rekorde passt und über dem Hafen thront: das »Marina Bay Sands«, über dessen drei Türme sich in 200 Metern Höhe ein 150 m langer Pool wie eine gigantische Brücke erstreckt. Wer möchte nicht über all diesen Schiffen in 200 Metern Höhe durchs Nass kraulen? Spektakulär.

Weniger wuselig, aber dafür voller Assoziationen an Sommerset Maugham und Rudyard Kipling ist der Hafen von **Rangun**. Wenn man sich ihm auf dem Yangon River nähert, in Sichtweite des legendären Hotels »Strand« anlegt und dabei über den Dächern der ehemaligen Hauptstadt Burmas die Shwedagon-Pagode im Sonnenlicht gülden erstrahlen sieht, dann ist das Herz auf ganz besondere Weise berührt, und es entzieht sich der Formulierkunst, wie bewegt es ist.

Wer es weniger asiatisch, dafür mehr karibisch-beschaulich haben möchte, sollte durch eine scheinbar nicht enden wollende Bucht in den sonnig verschlafenen Hafen von **Santiago de Cuba** einfahren. Der hat was. Zumal nach Durchqueren des kleinen Hafengeländes eine ebenfalls kleine Altstadt *(in seeeeehr altem Zustand)* wartet, die sich als die Heimat des kubanischen Son, der Urform des Salsa, versteht und damit für das Selbstverständnis der Kubaner ein ganz wichtiger Zugang ist. Logisch, dass in dieser Stadt, in der früher einmal der beste Rum *(»Methusalem« mit Namen)* hergestellt wurde, beides – Rum und Musik – höchst lebendige Gegenwart ist. Zur vielfältigen Stärkung des Reisenden.

Wer auf Kuba einen zweiten Hafen ansteuern will, sollte den von **La Havanna** wählen. Da weht einen noch ein Hauch der Fifties an. Gepaart mit sozialistischem Laisser-faire und der Pracht kolonialer Prunkbauten aus der Zeit der Spanier. Am Ende winkt an Land die Aussicht auf eine teils wirklich schön restaurierte Altstadt samt legendärer Kneipen aus der Zeit Ernest Hemingways und – als Dreingabe – die besten Zigarren der Welt. Das ist nach den Genüssen Santiagos eine prachtvolle Abrundung.

Ganz anders – nämlich hundertprozentig amerikanisch – geht's im Hafen von **Antigua** zu. Ein Mega-Dampfer *(Modell »schwimmendes Parkhaus«)* nach dem anderen spuckt dort übergewichtige Hotdog-Vernichter zum Klang vom Steeldrum-Reggae an Land, dass man sich die Frage stellt, wohin denn bloß diese Millionen Fettklöße entsorgt werden sollen. Aber auf wunderbare Weise verdunsten sie in bereitstehenden Bussen, die sie zum Verklappen an irgendwelche Inselstrände karren. Oder sie entschwinden in klimatisierten Tollfree-Shops, wo ihre Kreditkarten zum Rauchen gebracht werden und die Inhaber mit spitzen Schreien des Entzückens über getane Shopping-Schnäppchen ihren wirtschaftlichen Wonnegefühlen Ausdruck verleihen.

Ein solches Szenario muss man einmal gesehen haben. Und zwar von Land aus. Damit man nicht auf die Idee kommt, sich selbst einmal in solch ein schwimmendes Monstrum voll zweibeiniger Seeungeheuer in kurzen Hosen und Muscle-T-Shirts über speckglänzenden Körpern zu begeben. Wer lesen möchte, wie es da zugeht, dem sei ein sehr amüsantes Buch empfohlen. Geschrieben hat es der amerikanische Schriftsteller David Foster Wallace. Es trägt den deutschen Titel: »Schrecklich amüsant – aber in Zukunft ohne mich«. Und ist sehr unterhaltsam. Nicht zuletzt deshalb, weil man sich dabei blendend von »DEN« Amerikanern abgrenzen kann.

Gehen wir weiter nach Süden. Richtig nach Süden. Über den Äquator hinweg und immer weiter. SÜDEN! Auch wenn es schon merklich kalt wird, immer weiter. Und wenn man glaubt, es geht nicht mehr, kommt von irgendwo **Ushuaia** her. Die Hauptstadt des argentinischen Tierra del Fuego – also Feuerland – galt lange

Zeit als die »südlichste Stadt der Welt«, bis ihr die kleine chilenische Siedlung Puerto Williams diesen Status streitig machte. Tatsächlich liegt Puerto Williams südlicher als Ushuaia, hat aber nur knapp 2000 Einwohner und ist eigentlich nur eine Kaserne mit angrenzenden Wohnhäusern. Die Bezeichnung »Stadt« ist daher eindeutig euphemistisch. »Ort« hätte auch noch gereicht. Oder »Stelle«. Zumal Ushuaia demgegenüber knapp 80 000 Einwohner zählt und alles bietet, was man dort unten kaufen können muss. Das hat ihr allerdings den Ruhm eingebracht, eine der teuersten Städte Argentiniens zu sein. Das ist auch kein Wunder. Denn dorthin muss alles für das tägliche Leben eigens transportiert werden.

Nachdem der Superlativ von der »südlichsten Stadt« geklärt ist, zum Hafen. Irgendwie hat man in Ushuaia nicht das Gefühl, am »Fin del Mundo«, also dem Ende der Welt, angelangt zu sein, sondern in einer Goldgräberstadt. Hier ist echt was los. Das mag an den vielen Kreuzfahrtschiffen liegen, die hier auf ihre Reisen in die Antarktis starten – und enden. Und jedes Mal mit Lebensmitteln beladen und aufgetankt werden. So etwas fördert das Wirtschaftsleben einer Stadt ungemein. Man wundert sich zwischen zwei Besuchen denn auch jedes Mal, was in der kurzen Zeit wieder alles an neuen Häusern dazugekommen ist. Dementsprechend werden die Gebäude der Stadt auch sehr »spontan« gebaut. Irgendwie nach Belieben. Nicht nur, was die Form betrifft, auch die Planung der Stadt macht einen etwas willkürlichen Eindruck. Vielleicht hat das seine Ursprünge in der Vergangenheit der Stadt als Strafkolonie, deren Insassen die Vorfahren vieler Ushuaianer sind. *(Versuchen Sie »Ushuaianer« niemals nach der Einnahme auch nur eines einzigen Bieres auszusprechen – weil Sie jeder sofort für betrunken halten wird!)*

In jedem Fall ist man aber meist ganz entzückt, nach 14 Tagen Antarktis und viel Weite des Meeres wieder eine menschliche Ansiedlung mit Geschäften, Bars und Restaurants vorzufinden – der man gerne alles verzeiht. Deshalb ist Ushuaia auf ganz eigene Weise attraktiv und sehr lebendig. *(Noch ein kleiner Tipp: Nehmen Sie das heimische Bier nur in homöopathischen Dosen zu sich. Also natürlich in Gläsern, aber nur in Maßen, denn ob es an der Luft liegt, der geografischen Lage oder irgendwelchen indianischen Zusatzstoffen, das Zeug haut auf merkwürdige Weise tückisch rein.)*

Ganz anders als der übersichtliche Hafen von Ushuaia ist der der Hauptstadt Argentiniens: **Buenos Aires**. Die Stadt der »guten Lüfte« trägt ihren Namen zu Recht, wenn der Wind vom Meer über den Rio de la Plata in die Stadt weht. Und genau wie der Wind sollte man es auch machen: Vom Meer kommen, runter vom Schiff, rein in die Stadt und fertig. Denn schön ist er nicht. Der Hafen. (Nicht der Wind.) Aber zentral gelegen. Deshalb ist man im Nu am Obelisken – einem der Wahrzeichen dieser herrlichen Stadt – und in La Recoleta, einem der schönsten und prächtigsten Friedhöfe der Welt. Wer Buenos Aires verstehen will, muss diesen Friedhof gesehen und gespürt haben. Ebenso wie das Leben in einem nächtlichen Tangopalast. UND einmal muss er in einem klassischen, alten Steakrestaurant vor einem echten argentinischen Steak sitzen und sich fragen, wo er diesen Quadratmeter Fleisch unterbringen soll. Schauen Sie dabei nicht auf die Einheimischen an den Nebentischen, denn die putzen diese Berge tierischen Eiweißes weg, als wären sie eine verhärmte Currywurst. Das ist erniedrigend, aber wahr. Wie auch immer Sie diesen Restaurantbesuch überstehen, emotional und biologisch: Sie sollten danach nichts Weiteres mehr planen. Denn Ihr spezifisches Gewicht hat sich nach dem Steakhousebesuch vervielfacht – und Ihre Beweglichkeit halbiert. Trollen Sie sich also zum Schiff oder ins Hotel. Ganz gemütlich. Alles andere gefährdet Ihre Gesundheit.

Ebenfalls von uns aus sehr südlich gelegen und ein »Must« für den Maritimophilen ist eine Einfahrt in den Hafen von **Kapstadt**.

Schon von Weitem sieht man den Tafelberg – der übrigens nur von vorne so platt aussieht. Von der Seite macht er einen eher konventionellen Gebirgszugeindruck. Egal, jetzt kommen wir also von vorne. Zu Füßen des Tafelberges, der an diesem Tag ohne Tischdecke aus Wolken auskommt, liegt Cape Town, das seine Hafenanlage wie Finger ins Meer hineinstreckt, auf deren Rücken die Harbour Front gebaut ist. Hier tummelt sich das Kapstädter Leben – besonders an Sonn- und

Feiertagen – in seiner vielfältig-multiethnischen Form. Fresslokale wechseln sich mit Shopping-Malls ab, dahinter stehen Taxigeschwader und unweit davon laden Doppeldeckerbusse zur City Tour (rot) und Peninsula Tour (blau) ein. Unbedingt die blaue Tour außen um den Tafelberg herum machen – vorbei an all den herrlichen Wohnlagen dieser Stadt, von denen viele direkt aufs Meer blicken. Und zum Sonnenuntergang genehmigen Sie sich einen Sundowner im »Cafe del Mar« im Ortsteil Camps Bay. Am Fuße des Tafelberges, den Sie zuvor mit der Seilbahn erklommen haben sollten. Ich sage nichts, außer: grandios. Bei einem Overnight-Aufenthalt sollten Sie sich zum Abschluss unbedingt der Partymeile »Longstreet« widmen. Das könnte allerdings länger dauern.

Und dann natürlich die Hafeneinfahrt nach **New York**. Zeitgenossen, die sich die Zeit nehmen, die Strecke zwischen den Vereinigten Staaten von Amerika und den noch nicht ganz vereinigten Staaten von Europa auf dem Seeweg zurückzulegen, haben einfach Klasse. Egal in welcher sie reisen. Wenn Sie morgens an der Reling einer der »Queens« stehen *(»Queen Mary« oder »Queen Elisabeth«)* und an der Freiheitsstatue vorbeidampfen, den Blick auf die Skyline von Manhattan gerichtet, dann ist das großartig. Erhebend. Eine Sensation. Kann man sich doch dabei auf eines der Schiffe voller zukünftiger Millionäre zurückversetzen, die, als Auswanderer getarnt, den Karrierestart als Tellerwäscher fest im Blick und die Freiheitsstatue als strahlendes Licht am Ende des Tunnels vor Augen hatten. So kamen sie an! Also nicht ganz so fein. So luxuriös kamen eher Marlene Dietrich und Max Schmeling hier an. Aber immerhin auch auf dem Wasser. Welche Gefühle mögen diese Menschen bewegt haben? Man kann es nur ahnen … Wie auch immer. In New York mit einem der Cunard-Liner anzukommen ist einzigartig, unvergesslich und für jeden, der gerne zur See fährt, ein »to do before I die«.

Auf der anderen Seite des nordamerikanischen Kontinents ist es **San Francisco**, in dessen Hafen man einmal eingefahren sein sollte. Wenn die Golden Gate Bridge weitgehend wolkenfrei und sichtbar ist, kann man schon eine Gänsehaut bekommen, wenn man auf diese wunderbare Stadt in den Hügeln dieser Bucht zufährt. Und dann Frisco selbst. Seufz!

Ein ähnliches »Brückenerlebnis« – aber weitaus näher gelegen und ohne Nebel – bietet **Lissabon**. Nehmen wir an, Sie sind im Hafen von Alcantara an Bord gegangen und fahren dann bei der Ausfahrt unter der Brücke »Ponte 25 de Abril« hindurch *(das ist die Kulisse für oben erwähntes Brückenerlebnis)*, vorbei am »Padrão dos Descobrimentos«, dem Denkmal für Heinrich den Seefahrer, dann kann man sich schon wie ebendieser Seefahrer fühlen, zumal wenn einem, auf dem Achterdeck der »Sea Cloud« stehend, ein Glas mit einem Fantasie fördernden, alkoholischen Getränk angeboten wird, die Sonne über dem Tejo langsam untergeht und man weiß, dass auch Vasco da Gama hier startete, um den Seeweg nach Indien zu entdecken. Gut, dass wir heute meist wissen, wo's langgeht. Navigationstechnisch.

Wer für sein Hafenerlebnis das Mittelmeer befahren will, für den ist die Schiffseinfahrt in den Hafen von **Venedig** ein Erlebnis – vorausgesetzt er kommt nicht auf einem dieser schwimmenden Parkhäuser angerauscht, deren Wasserverdrängung und Propellerbetrieb den Fundamenten der Lagunenstadt arg zusetzen. Diese maritimen Titane, die die Dächer Venedigs um zig Meter überragen, sollten draußen vor der Lagune bleiben.

Im westlichen Mittelmeer gehört der Hafen von **Barcelona** zu den Musts. Weniger wegen einer besonders malerischen Hafenarchitektur als vielmehr wegen der zentralen Lage mitten in der Stadt. Man kann ohne große Anstrengung zu Fuß auf die Ramblas gehen und sich dem metropolitanen Charme Barcelonas ergeben.

Will man in Spanien bleiben, so ist der Hafen von **Sevilla** herrlich. Und exklusiv. Weil er nicht für jedes Schiff befahrbar ist. Denn in ihn gelangt man erst, nachdem man viele Kilometer auf dem Guadalquivir durch eine weite und fruchtbare Ebene gefahren ist, die einen an die Bilder alter Meister aus vergangenen glorreichen Zeiten erinnern, als Amerigo Vespucci und Ferdinand Magellan von hier aufbrachen, um die Welt zu erobern. Und ist man nach dem Passieren mehrerer Brücken – darunter auch einer Hebebrücke – im Hafen angelangt, kann man auf dem Schiff wohnen und nächtens an dem quirligen Leben dieser sensationellen Stadt teilnehmen. »¡Estupendo!«

Weniger vital geht es in **Funchal** zu, der Hauptstadt von Madeira. Eine Ankunft im Morgengrauen berührt dennoch das Herz auf ganz sentimentale Weise und lässt Fantasien im Kopf entstehen, in denen der betuchte Lord mit seiner Lady dem britisch-kalten Winter entfliehend dem legendären Hotel »Reid's« entgegenstrebt, um dort hoch über dem Meer dem gesellschaftlichen Leben des Five o'Clock Tea zu frönen. Sei's drum. Bei einem sehr zivilisierten Gläschen eines guten Port oder Madeira gelingt solcher Zeitvertreib auch Kontinentaleuropäern auf diesem portugiesischen Atlantikeiland ganz vortrefflich.

Nah und sehr schön ist die Annäherung an die **Freie und Hansestadt Hamburg** auf dem Wasserwege. Weniger wegen des selig stimmenden Sonnenscheins, der dort bekanntermaßen nicht immer herrscht, als vielmehr wegen der Geschichten, von denen diese Stadt immer noch lebt und in die man bei gemächlicher Einfahrt hineintaucht. Övelgönne, die weißen Villen in Blankenese und dann die Landungsbrücken und der Michel – das hat schon was. Auch für Nicht-Hanseaten.

Der absolute Lieblingshafen der meisten Kreuzfahrtpassagiere ist jedoch **La Valletta** auf Malta. Wer einmal dort ein- und ausgefahren ist, verdreht bei der Erinnerung daran die Augen gen Himmel, bekommt einen »ins Unendliche« reichenden Blick und beginnt von den mittelalterlichen Befestigungsanlagen zu schwärmen, von den tempelartigen Gebäuden, die einen schon von Weitem grüßen, dem Gelb der Sandsteine, die in der warmen Mittelmeersonne strahlen, den Wohnhäusern, die aufs Meer blicken, dem vitalen Nachtleben samt romantischer Straßenbeleuchtung – und seufzt danach vernehmlich. Kurzum: La Vallettas Hafen scheint dem am nächsten zu kommen, was sich viele unter einem Traumhafen vorstellen.

Doch die meisten Häfen sind weder spektakulär noch romantisch, sondern einfach nur zweckmäßig. Auch gut. Dann betritt man durch sie einfach die Stadt und begibt sich auf die neugierige Suche nach dem Spirit dieses Ortes. Und das ist eigentlich das Schönste an Hafenstädten: In ihnen nach dem morgendlichen Einlaufen in einem Café zu sitzen und zu erleben, wie das Leben in der Stadt erwacht. Wenn die Rollläden der Geschäfte klappernd hochgezogen werden, vor den Läden gefegt wird, erste Kisten mit Gemüse vor die Türe gestellt werden, ältere Damen mit ihren Hunden ihre Runden drehen und Schüler in Uniformen ihren Lehrinstituten gemächlich entgegenschlendern. Dann macht sich eine Alltagsnormalität breit, die man von zu Hause kennt. Nur mit dem Unterschied, dass man zu Hause

Teil dieses Alltags ist, während man hier als außenstehender Betrachter dem lieben Gott die Zeit stiehlt und bei einem guten Kaffee dem erwachenden Leben zuschaut – um sich dabei vorzustellen, was in den Köpfen der Beobachteten wohl gerade vorgehen mag …

Homeporting

»Homeporting« – also das »An-Bord-Gehen« in einem Hafen des Heimatlandes – war in den USA eine Entwicklung als Folge der Ereignisse des 11. Septembers 2001. Die inländische Flugreisetätigkeit des kreuzfahrtwilligen Amerikaners setzte zu dem Zeitpunkt nämlich schlagartig aus, weshalb sich die großen Reedereien umgehend etwas einfallen lassen mussten. Der CEO der größten Reederei gab deshalb die Devise des »Homeportings« aus. Dabei war es das Ziel, dass jeder Amerikaner innerhalb einer Autotagesreise einen Kreuzfahrthafen erreichen können sollte. Das ist bei einem Land dieser Größe zwar ein unerreichbares Ziel, aber es führte immerhin dazu, dass beide Küsten inklusive des Golfs von Mexiko inzwischen mit modernen Cruiseterminals gepflastert sind. Der größte weltweit ist natürlich in Miami, Florida, wo die ganz großen Pötte tagein, tagaus mit Tausenden von Menschen »beladen« werden.

Auch in Deutschland wird das Angebot gerne angenommen, mit dem Zug nach Kiel *(die Nummer 1 in Deutschland vor Warnemünde, Hamburg und Bremerhaven)* zu reisen, um an einem inländischen Hafen an Bord zu gehen. Allerdings in geradezu niedlichen Größenordnungen – im Vergleich zu Miami. Aber wir sind ja auch das »alte Europa« voller eigenwilliger Individualisten.

Und deshalb gibt es auch Reisende, die eine lange Anreise per Flugzeug durchaus schätzen. Zum Beispiel nach Papeete, Mauritius oder Puerto Montt im fernen Chile. Und die diesen Flug samt Zwischenaufenthalten in Paris oder Santiago de Chile bereits als Teil ihres Urlaubs betrachten. Wenn dieser Flug dann auch noch wie zum Hafen von Singapur mit einem A380 zurückgelegt werden kann, bricht bei Flugzeugenthusiasten vollends die Vorfreude aus.

Ob dagegen die Anreise mit dem Reisebus statt mit dem Airbus von Köln nach Venedig gewählt wird, ist eine Einstellungs- und Budgetfrage. In jedem Fall hat der Reisebus den Vorteil, dass man seinen Reisekoffer in Köln in den Bauch des Busses einlädt und ihn in Venedig dortselbst garantiert wieder herausnehmen kann – ohne dass er in der Zwischenzeit abhandengekommen wäre. DAS ist bei Flügen nicht immer gewährleistet. So fragte ein Fluggast am Flughafen in Los Angeles unlängst die Dame beim Check-in, ob es denn wohl möglich wäre, den Koffer nach Toronto, die Tasche nach Kairo und ihn selbst nach Frankfurt zu transportieren. Daraufhin bedauerte die Dame, ihm diesen Wunsch nicht erfüllen zu können, woraufhin er antwortete: »Da bin ich aber froh. Auf dem Hinweg hat's nämlich geklappt!«

Eine Kreuzfahrt ohne seinen Koffer antreten zu müssen, wird im ersten Moment als absoluter Urlaubs-GAU angesehen. Das ist verständlich, da man bei einer Kreuzfahrt ja jeden Tag in einem anderen Hafen ist, der Koffer also – wenn man Pech hat – den gesamten Urlaub hinterherreist. Und einen nie erreicht.

Ein Gast, dem diese Erfahrung widerfahren ist, berichtete allerdings, dass er nach dem ersten Schock gar nicht unfroh war. Erfuhr er doch so am eigenen Leib, wie wenig man tatsächlich auf einer Kreuzfahrt zum Anziehen braucht. Seitdem – so seine Aussage – packt er viel weniger ein und macht trotzdem bestens Urlaub. »Notfalls«, so sein Trick, »erkläre ich meine übersichtliche Garderobe mit dem Hinweis, dass mein Koffer nicht angekommen sei. Das sichert mir hohes Mitgefühl bei meinen Mitreisenden – und ich hab' meine Ruh!«

Ein Unterhaltungskünstler, den auch das »Kofferlos« ereilt hatte, machte daraus eine Nummer. Zu Beginn jeder seiner Auftritte verlas er eine kleine Danksagung. O-Ton: »Ich danke Kabine 212 für die Hose, 378 für das Hemd und 412 für die Krawatte! Unterwäsche hatte ich Gott sei Dank im Handgepäck dabei.«

Für alle, die ein solches Textildefizit vorausschauend abfedern möchten, hier eine Liste mit Dingen, die Sie in jedem Fall in Ihrem Handgepäck haben sollten:

- Ersatzunterwäsche
- Ersatzbrille
- Fotoapparat!!!
- Medikamente
- Ersatzbadehosen (auch wenn der Koffer ankommt, kann man in jedem Fall gleich nach der Ankunft schon mal einen Sprung in den Pool wagen – und so die Zeit überbrücken, bis der Koffer vom Pier in die Kabine gebracht worden ist)
- Ein komplettes Tagesoutfit (Hemd, Hose, Schuhe) – vielleicht sogar zwei
- Alle Reisedokumente inkl. Führerschein (falls man bei Landausflügen einen Wagen mieten will)
- Und den Schein der Reiseversicherung (➢ siehe dort)

Inseln

Unlängst fragte eine Kreuzfahrtnovizin angesichts einer stattlichen Insel bei Schottland: »Ist die Insel eigentlich komplett von Wasser umgeben?« Eine keineswegs berechtigte Frage. Denn per definitionem ist eine Insel »eine in einem Meer oder Binnengewässer liegende, auch bei Flut über den Wasserspiegel hinausragende Landmasse, die vollständig von Wasser umgeben ist – aber nicht als Kontinent gilt«. *(Zumindest sagt es so der Wikipede.)*

Wann eine Insel eine Insel ist und wann ein Kontinent, hat etwas mit ihrer Größe zu tun. Dabei muss eine Insel nicht immer klein sein. Kuba zum Beispiel ist 1250 km lang, was einer Entfernung von Dortmund nach Barcelona entspricht. Die größte Insel der Welt Grönland bringt's sogar auf 2650 Kilometer: Das ist die Distanz Malmö – Tanger. Also von wegen »Inseln sind übersichtlich«. Allerdings sind die genannten allesamt sehr sehenswert. Kuba wegen seiner Musik, Kultur und Lebensfreude. Grönland wegen der faszinierenden Natur. Und beide wegen ihrer Menschen.

Womit wir beim Insulaner an sich sind. Er ist ein eigenwilliges Wesen. Das mag mit den geografischen

Besonderheiten seiner Heimat zu tun haben. So kann der Insulaner gemeinhin die Grenzen seines Landes mit dem bloßen Auge erkennen *(den Übergang von Festland zum Meer)*, was einem Mitteleuropäer nur an wenigen Stellen seines Landes gelingt. Und unerwünschte Eindringlinge erkennt der Insulaner sogar schon, wenn sie am Horizont bloß auftauchen – und nicht erst, wenn sie unmittelbar vor der Tür stehen. *(Auch das unterscheidet ihn vom Mitteleuropäer.)*

Diese Vorteile führen zu einer gewissen Weitsicht *(aufs Meer hinaus)* und erzeugen innerhalb der Wassergrenzen ein starkes Wir-Gefühl *(auf sich selbst hin gesehen)*. So ist es wenig verwunderlich, wenn es zum kollektiven Unbewussten eines Inselvolkes gehört, dass es sich gern um sich selbst dreht. Und die Menschen aus »Über-See« – also die hinterm Wasser –, die sollen sich mal um ihre eigenen Sachen kümmern. *(»Mir san mir«, sagt der Bayer dazu. Woran man sieht, dass es auch Insulaner mitten auf dem Kontinent geben kann.)*

Mit diesem »Wir«-Gefühl geht der Insulaner bisweilen eigenwillig um. So hat der isländische Staat im Jahr 2000 für 250 Millionen DM *(damals noch!)* einem privaten Gendatenbankbetreiber das Recht verkauft, den Genpool aller Isländer erforschen zu dürfen. So kann man aus der jahrhundertelangen Abgeschiedenheit einer Insel Vorteile ziehen und aus dem privatesten aller Urheberrechte *(dem an der Beschaffenheit seiner Gene)* Geld machen. *(Die Frage, ob ein Staat zu einem solchen Rechteverkauf befugt ist, hat sich der Isländer an sich erst später gestellt.)*

Natürlich gibt es auch expansiv orientierte Inselvölker. Die Engländer zum Beispiel waren früher solche. Oder die Japaner. Und die Südseevölker erst recht. Wobei die Letzten aus Ressourcenverknappung das Weite suchten, während der Engländer eher aus kapitalistischen Motiven ausrückte.

Wie auch immer. Die Insel an sich ist das klassische Ziel des Kreuzfahrtschiffes. Kann man sie doch umrunden und in kurzer Zeit mehrere Häfen anlaufen. Dabei muss es nicht immer Neuseeland sein oder die Inselwelten der Philippinen, Japans oder Indonesiens, die einen maritimen Neuling (auch als »Marinello« bekannt) reizen. Eine Umrundung **Großbritanniens** gehört zu den absolut empfehlenswerten Kreuzfahrtreisen und verschafft eine höchst vergnügliche Sehweise per Seereise auf diese Miteuropäer. Nähert man sich doch immer wieder neu auf dem Wasserwege diesen skurrilen Zeitgenossen an. Wobei man damit rechnen muss, dass man auch an Land Wasserkontakt hat. Von oben. Aber wie sagte eine Taxifahrerin nahe Edinburgh in feinstem Schottisch so richtig: »Look arrrrround. Everrrrrywhere it's grrrreen. That comes frrrrom the rrrrain!«

Dennoch ist nicht jeder Schiffsreisende von den Einwohnern der britischen Insel beeindruckt. Eine Dame aus den Vereinigten Staaten meinte einmal zum Autor:

»Engländer? Die können Sie glatt vergessen. Die sind ja noch nicht mal Christen: Die beten ihre Königin an.« Wenn sich profundes Halbwissen mit einem Arsenal von Vorurteilen zu genialen Bonmots verdichtet, erlebt man Sternstunden menschlicher Gehirnaktivität.

Ein besonderes Thema für Schiffsreisen sind die Inseln der **Südsee**. Denn sie sind nur selten so, wie man sie sich vorstellt – als unberührt-fruchtbares Paradies inmitten türkisfarbener Atolle. Das liegt bei einigen dieser Inseln daran, dass im Zuge der Klimaerwärmung der Meerwasserspiegel ansteigt und die Einwohner sich auf einen Exodus vorbereiten *(Tuvalu)*. Bei anderen liegt es daran, dass regelmäßig Hurrikans mit 160–200 Stundenkilometern über die Insel donnern und keinen Stein auf dem anderen lassen (Tonga). Bei dritten liegt es daran, dass man gar nicht auf die Insel kommt, weil der Schwell zu stark ist. **Aitutaki** ist so ein Eiland, das oft mit »Schwell« zu kämpfen hat. *(Damit ist NICHT die etwas voluminöse Erscheinungsform des Eingeborenen gemeint. Der ist nicht dick, weil er zu viel isst, sondern weil er einen anderen Stoffwechsel hat und im Laufe seines Lebens nicht nur an Jahren zunimmt – sondern auch an Kilos. Der Begriff »ausgewachsen« bekommt in der Südsee damit eine ganz neue Bedeutung.)* Wo war ich stehen geblieben? Genau … beim Schwell. Der Schwell besteht aus langgezogenen Wellen, die nicht vom aktuellen Wind bewegt werden, sondern sich über lange Distanzen aufbauen, dann beim Auftreffen auf ein Atoll stark brechen und eine Passage der Atolleinfahrt unmöglich machen. Und in Aitutaki macht der Schwell oft die Insel zu. Übrigens auch bei der Anlandung auf der Osterinsel. Und ganz besonders auf der 2078 km entfernten »Nachbarinsel« – der alten Meutererinsel **Pitcairn**. Dort leben die Nachfahren der »Meuterer von der Bounty«. Sollten Sie es dennoch auf diese Insel schaffen, hier eine kleine Warnung: Überlegen Sie sich gut, welches Beinkleid Sie beim Besuch der Insel anziehen. Denn den Schlamm dieser Insel kriegen Sie aus keinem Gewebe mehr raus! Warum das so ist, weiß ich nicht. Aber es ist eine leidvoll erfahrene Tatsache. Sollten Sie sich allerdings eine »Abenteurerhose« zulegen wollen, die die Patina Ihrer vielen Reisen sinnfällig zeigen soll, ziehen Sie die auf Pitcairn unbedingt an. Dann schmücken die Schlammflecken ungemein, zum Beispiel, indem Sie erklären, WOHER die unauswaschbaren Dreckflecken auf Ihrer Hose stammen. Eine echte Story für alle Daheimgebliebenen. So schlägt man Prestige aus dem Dreck an seinem Stecken. *(Könnte man eigentlich als Fortbildungsveranstaltung für Politiker einführen. Egal.)*

Versperrt einem der Schwell nicht den Zugang *(»Na toll, 'n Atoll!«)*, kann man auf Südseeinseln unerwartet Interessantes erleben. Wie die Gruppe Reisender, die auf einem abgelegenen Eiland eine Insulaner-Volkstanzgruppe bestaunte. Im Anschluss an diese folkloristische Einlage wurden sie vom Stammeshäuptling in seine Hütte auf ein Gastgetränk eingeladen. Man folgte ihm, trank das Gastgetränk, das zwar etwas ungewohnt schmeckte, aber im Grunde nicht übel. Nach so erlebter Gastfreundschaft und »Gesprächen« in Zeichensprache verabschiedeten sich die Fernreisenden alsbald und wurden zurück aufs Schiff getendert. (➢ *Siehe auch »T wie Tendern«)* Dortselbst war ihnen etwas »kotterich« zumute, weshalb sie sich zusammenrotteten und meinten, das könne nur an diesem merkwürdigen Gebräu liegen. Die Emotionen gingen immer höher, und die Ersten meinten, man könne ja die Reederei verklagen. Schließlich hätte sie ihre Sorgfaltspflicht wahrnehmen und ihre Passagiere vor diesem Gebräu bewahren müssen. Denn wer wisse denn, was da drin war? Gennnnauuu, weeeer wissssdnnn aaigntlichchch, wassssaaarinnnn …

Und so verlebten die ansonsten etwas nörgeligen Herrschaften selig vor sich hin lächelnd ihren ersten sehr entspannten Abend an Bord – und wollten am nächsten Tag wieder auf diese Insel zurück. Oder zumindest auf eine andere, wo man noch mal »dieses fantastische Getränk« trinken könne. Aber das Schiff war des Nachts schon weitergedampft.

Tja, Ship happens!

Jammern

Jeder weiß, was ein Windjammer ist. Ein Großsegler, Kaliber: Royal Clipper, Starflyer, Gorch Fock, Alexander von Humboldt, Sea Cloud und so.

Der »Jammer« in diesem Namen kommt vom Englischen »to jam the wind«, also »den Wind pressen«, und war ursprünglich ein abfälliger Ausdruck der Dampferbesatzungen für die veraltete Form des Transports mithilfe von Windkraft. Inzwischen ist »Windjammer« ein Adelsprädikat unter Seglern und wird nur noch für die feinen, alten Viermaster voll Respekt und mit dem Glanz der Bewunderung in den Augen ausgesprochen.

Weniger aristokratisch ist das Jammern an Bord von Kreuzfahrtschiffen. Hat es doch mit dem Wind der Unzufriedenheit zu tun, der die Geister gelangweilter Reisender bläht. Auch er wird gepresst – und zwar durch mehr oder minder verbissene Zahnreihen.

Nun sollte man zwar glauben, dass es eine wahre Wonne sei, mit einem Kreuzfahrtschiff über die sieben Weltmeere zu dampfen – was es für die meisten Passagiere natürlich auch ist. Aber ein paar Nörgler hat man immer im Boot, die mit sich unzufrieden sind, das aber nicht zugeben können und deshalb glauben, sie gewännen an Profil, indem sie anderen das Gesicht nehmen. Sollten Sie solchen Passagieren auf einer Ihrer Kreuzfahrten begegnen – und wie gesagt, man bekommt ein Schiff nie ganz frei davon –, so halten Sie deren Aussagen nicht für Sachkompetenz und Hochseeerfahrung, sondern für das, was es ist: Meckerbubenstücke, Nörglerinnensülze und nach außen verlagerte Eheprobleme.

Manchmal sind sie allerdings auch Anlass für vergnügliche Momente.

So hörte der Autor auf einem Schiff, das nicht zu den teuersten der Branche gehört, aber dennoch einen sehr guten Ruf genießt, wie eine Dame bei Tisch während leichten Wellenganges einer anderen erzählte: »Also ich fahre ja eigentlich nur auf der MS Europa und da wackeln die Kabinen nicht so!« Darauf erwiderte ihre Gesprächspartnerin, die offensichtlich bei so viel Reisekompetenz nicht hintanstehen wollte: »Ich finde auch, der Kapitän könnte ruhig ein bisschen besser um die Wellen rumfahren!«

Wird man bei Tisch Zeuge solcher Dialoge, ist es schwer, die aufgenommenen Speisen im Gesicht zu behalten und nicht loszuprusten. Dennoch sollte man atemlos weiterlauschen, weil man sich solche Texte nicht ausdenken kann.

So ging eine Dame, die eine Weltreise machte, eines schönen Seetags zum Hotelmanager des Schiffes, der für den gesamten Hotelbetrieb an Bord die Verantwortung trägt – auch für die Restaurants –, und warf ihm vor, dass es ja immer dasselbe zu essen gäbe. Eine Ansicht, die angesichts von täglich wechselnden 30 bis 40 frisch zubereiteten Speisen in nur einem Restaurant eine sportliche Verkürzung der Tatsachen ist. Aber der Mann war in langen Jahren diplomatisch trainiert und fragte die Dame sehr konziliant: Was mögen Sie denn zu Hause am liebsten? Darauf erwiderte sie: »Shoppen und Cabriofahren!«

Auch die dienstbaren Geister an der Rezeption müssen manchmal hart an ihrer Contenance arbeiten. So waren im Trubel der Anreise zwei Kabinen vertauscht worden. Ein junges Paar war in eine Dreibettkabine eingewiesen worden, in der das dritte Bett wie im Schlafwagen aus der Wand geklappt werden konnte. Diese Betten tragen den Namen des Erfinders dieser sehr bequemen Schlafstätten, nämlich »Pullmanns«. Nun kam aber die Mutter der Familie, die diese Dreibettkabine eigentlich gebucht hatte und der irrtümlich eine Zweibettkabine zugeteilt worden war, mit hochrotem Kopf zur Rezeption und beschwerte sich, dass für ihr geliebtes Kind kein Bett in der Kabine sei. Die Rezeptionistin erkannte sofort den Fehler und sagte lächelnd: »Oh sorry, natürlich bekommen Sie die Kabine mit den Pullmanns!« Darauf legte die Mutter erst richtig los: »Was bilden Sie sich eigentlich ein. Ich gehe doch nicht mit einer anderen Familie in eine Kabine!«

Nun soll aber nicht der Eindruck erweckt werden, nur die Damen wären für Anekdoten gut. Nein, auch der Mann an Bord verzapft so manchen Klopper. Allerdings meist in etwas anderer Form als die Damen. Der Mann an sich wird ja auf den Wettbewerb im Leben einerseits durch Erziehung und Ausbildung vorbereitet. Andererseits befeuert ihn aber auch ein mehr oder minder starker Ausstoß an Testosteron, sich ratzfatz in den Kampfanzug zu stürzen, wenn er sich falsch behandelt fühlt. Manchmal die richtige Strategie. Manchmal aber auch falsch. Und manchmal gaaaanz falsch.

Ein Vertreter dieser Spezies, der zum ersten Mal auf einem Kreuzfahrtschiff war, hatte eine Außenkabine gebucht, in einer der unteren Decks, weil er gelesen hatte, dass dort die Schiffsbewegungen nicht so stark seien. Das war und ist sachlich richtig. Nun ist man aber mithilfe dieses Schiffes auf dem Wasser unterwegs – und dort gibt es Wellen. Nichts Schiffsbewegendes. Aber doch etwas, das an die Bordwand plätschert. Was ja ganz romantisch sein kann. Nicht für ihn. Ihm war's zu laut. Er marschierte also zum Hot.Man und beschwerte sich ob der lauten Wellen und verlangte eine andere Kabine. Eine höher gelegene. Da war zwar auch noch etwas frei, aber sie befand sich in einer deutlich teureren Preiskategorie. Natürlich wollte er diese Kabine »for free«. Denn seine, in der er jetzt wohnen

»müsse«, sei eine akustische Folterkammer und würde – wörtliches Zitat – »gegen die Genfer Konvention verstoßen«.

Nur zur Erinnerung: Die »Genfer Konventionen« *(Mehrzahl!)* sind zwischenstaatliche Abkommen und enthalten für den Fall eines Krieges respektive eines bewaffneten Konfliktes Regelungen für den Schutz von Personen, die an den Kampfhandlungen nicht teilnehmen. »Kampfhandlungen«? »Krieg«? Der Mann war komplett auf dem falschen Dampfer. Er war zwar auf einem Kreuzfahrer, aber nicht als kreuzfahrender Ritter, der im finsteren Mittelalter über das Mittelmeer schipperte, um im Heiligen Land die bösen Muselmanen von den heiligen Stätten des Christentums zu vertreiben *(➢ siehe dazu auch »Quiz«)*. Er befand sich im Urlaub!

Kurz und gut, der Hot.Man konnte sich das Grinsen verkneifen und lehnte das verlangte »Upgrading« ab, nicht zuletzt deswegen, weil viele Passagiere es als Sport betreiben. Daraufhin schlief der Gast nachts demonstrativ nicht mehr in seiner »Folter-Kabine« *(Zitat)*, sondern an Deck. Er wollte den alten Kinderspruch beweisen: »Es geschieht meiner Mama ganz recht, wenn ich kalte Hände habe. Warum kauft sie mir keine Handschuhe!« Dabei verrannte er sich so sehr in seinen Wahn, ungerecht und schlecht behandelt zu werden, dass er eines Morgens – so gegen vier – von seinem Liegestuhl aufsprang und vom leise vorbeischleichenden Securitymann »sofort!« einen Kaffee verlangte. Der versuchte ihm mit beschwichtigenden Worten klarzumachen, dass die Restaurantcrew noch schlafen würde und er bis um 6.00 warten müsse. Aber dann könne er sich eine schöne Tasse heißen Kaffees bestellen. »Das sei ja wieder typisch!«, schallte es vernehmlich über das Deck. Und dann veranstaltete dieser Gast eine solche Randale, dass der Securitymann Verstärkung anrollen lassen musste und man den Gast im nächsten Hafen auf die Heimreise schickte. Seine Frau, die die ganze Reise vergnügt in der »akustischen Folterkammer« geschlafen und sich fernab von ihrem polternden *(und vermutlich schnarchenden)* Mann bestens erholt hatte, entschuldigte sich wortreich. Man konnte ihr anmerken, wie peinlich ihr das Ganze war – wie sehr sie aber auch schon aufgegeben hatte, den Gemahl, wenn er einmal in dyie Luft gegangen war, wieder auf den Teppich zu holen.

Womit wir bei den Ehefrauen sind, die manchmal nichts zu lachen haben. Oder doch. Eigentlich sogar jede Menge. Es aber nicht zeigen dürfen.

So rief eines Morgens ein anderer Gast auf einer anderen Reise außer sich vor Wut bei der Rezeption an: »Das ist eine bodenlose Unverschämtheit. Ich habe Ihnen gestern Abend lang und breit erklärt, dass sie mich heute um 6.30 wecken sollen, damit ich rechtzeitig frühstücken kann. Jetzt habe ich die Einfahrt in den Hafen verpasst und der Landausflug ist auch weg, bloß weil SIE nicht in der Lage sind, auf ihren Weckzettel zu schauen. Das werde ich bei Ihrer Reederei an oberster Stelle melden.« Vorsichtig sagte die Dame an der Rezeption dem wutschnaubenden Herrn: »Verzeihen Sie, aber wir haben heute einen Seetag!«

Darauf er: »Jetzt kommen Sie mir nicht mit demselben Scheiß wie meine Frau!«

Jammerer und Nörgler sind also vom Prinzip her ziemliche Nervtöter. Besonders aufgeblasene Exemplare können aber hohen Unterhaltungswert haben. Deshalb heißt der gut gemeinte Ratschlag: Manchmal einfach nur zuhören!

Jetzt geht's los!

Jeder, der eine Reise auf einem Kreuzfahrtschiff genossen hat, hat seine Rituale, die ihm sagen: »Jetzt geht's wieder los!«

Hier eine Auswahl von Signalen, die dieses herrliche Gefühl auslösen können:

- *Das Gepäck ist bei der Airline eingecheckt, Sie haben nur noch Ihr Handgepäck und es ist noch Zeit auf einen großen Kaffee bei »Starbucks«.*

- Der Flug ist überstanden, alles Gepäck ist mit dem Flieger angekommen, und Sie sehen aus dem Bus, der Sie zum Hafen bringt, zum ersten Mal Ihr Schiff (wieder).
- Sie stehen im Schatten dieses Riesendinges, bekommen ein Glas Champagner in die Hand gedrückt und es macht sich wuselige Geschäftigkeit bei der Crew in ihren weißen Overalls breit, die Ihr Gepäck auslädt.
- Sie gehen zur Gangway und müssen an einer langen Schlange von freundlich lächelnden Menschen in Uniformen vorbei, die Ihnen »Herzlich Willkommen an Bord«, »Hello« und »Welcome« entgegenrufen.
- Sie gehen zum ersten Mal raus an Deck, spüren eine leichte Brise in Ihrem Gesicht – es riecht nach Meer und Sie merken, wie sich »Ihr« Schiff immer weiter vom Pier entfernt, hören dabei die Auslaufmusik und bekommen eine Gänsehaut.
- Sie wachen zum ersten Mal in »Ihrem« Bett an Bord auf – und hören das Meeresrauschen durch die offene Balkontür.

Was auch immer Ihr Signal ist, das Ihnen sagt »JETZT geht's los« – es ist herrlich, wenn einem danach das Gesicht wehtut: vom vielen glücklichen Grinsen.

Kabine

Die Kabine ist der Hort des Rückzugs an Bord. Hier ist man der Mensch, der man sich als Landratte angewöhnt hat zu sein.

Nun ist diese Rolle der Kabine als Rückzugsort allerdings von untergeordneter Bedeutung, wenn man in sonnenverwöhnte Regionen fährt und das nicht länger als zehn bis vierzehn Tage. Da ist die Kabine nur eine Art Dusch-, Schlaf- und Umkleideraum. Denn der Seereisende ist entweder bei Landausflügen in tropischen Urwäldern aktiv – respektive bei Erkundungen fremder Städte unterwegs. Oder er liegt an den Seetagen, den Neidfaktor für die Daheimgebliebenen befeuernd, auf dem Sonnendeck und intensiviert bei hitzelinderndem Fahrtwind seinen Tropennachweis – die Bräune. Des Nachts bettet er in seiner Kabine denn auch folgerichtig seinen von neuen Bildern bewegten Geist und/oder die von UV-Strahlen malträtierte Haut zur Ruhe, wofür das Bett nur lang und weich genug sein muss, um einen tiefen und erquickenden Schlaf zu bieten.

Und wenn das Schiff dann auch noch ein wenig schaukelt, dann ist das wie in alten Kindertagen, wo man von Muttern in den Schlaf gewiegt worden ist. Diese Vorstellung kann einem übrigens die leichte Bewegung des Bettes zu einer sehr angenehmen Erfahrung machen. Womit gerade im Zusammenhang mit Seekrankheit eines klar ist: Alles eine Frage der inneren Bilder! *(➢ Mehr dazu unter »Seekrankheit«)*

Hat man jedoch eine längere Seereise gebucht – vielleicht sogar eine sechsmonatige Weltreise –, dann gewinnt die Kabine sehr deutlich die Funktion des Rückzugsortes. Und genau das sollte man wissen und berücksichtigen, wenn man eine solche Passage bucht.

Zu den notwendigen Voraussetzungen, die das ganz private Refugium attraktiv machen, gehört, dass die Kabine nicht zu klein oder gar eine Innenkabine sein sollte. Hell sollte sie sein und über etwas Platz verfügen, damit man sich drin ent-falten kann. Die Erfahrung lehrt, dass sich der Bord-Blues so nach fünf bis sechs Wochen einstellt. Dann braucht's diesen Ort, an dem man sein ganz privates Kontrastprogramm abspulen kann. Das kann aus einem schnellen Kontakt zur Außenwelt via Skype und Internet bestehen, oder darin, mitgebrachte DVDs anzuschauen, in spezieller Lektüre zu schmökern oder dem bevorzugten Hobby nachzugehen. Doch egal was es ist: Es muss einen Kontrast bilden zu dem kontinuierlich Neuen, gut Organisierten und nahe am Superlativen des Bordlebens. Denn wie der deutsche Denker sprichwortelt, gilt: »Es ist nichts so schwer zu ertragen, wie eine Reihe von guten Tagen!« Und sechs Monate Weltreise haben ca. 180 sehr gute Tage auf Lager.

Die eingebaute Sollbruchstelle ist also ganz wichtig. Etwas, das einem das Langweilige des normalen Alltagslebens wieder in Erinnerung ruft. Das muss sein. Denn zum Genuss gehört die Entbehrung, sozusagen als bewusst abgerufene Nulllinie – damit man das Schöne der Seereise danach wieder genießen kann.

Bei aller emotionalen Schutzbedürftigkeit in dieser Zeit gibt es ein paar Dinge, die Sie NIEMALS (»never ever!«) in Ihrer Kabine tun sollten:

1. Stellen Sie NIEMALS Kerzen auf (Zwangsromantiker behelfen sich mit elektrischen Lichterketten).

2. Nehmen Sie KEINEN Wasserkocher mit und setzen Sie ihn erst recht nicht an Bord in Gang *(»Für meinen ersten Kaffee am Morgen«)*. Und

3. Lassen Sie auch Ihr Bügeleisen zu Hause. *(Es gibt tatsächlich Menschen, die tun so was in den Koffer! Das ist doch schwer!)*

Denn alle drei Gemütlichkeitsrequisiten können Brände auslösen, weshalb solche potenziellen Brandverursacher umgehend von der Schiffsleitung aus dem Verkehr gezogen werden. Zu Recht! Der Roomservice bringt schließlich zu jeder Tageszeit alles, was man braucht, direkt ans Bett. Und die Wäscherei bügelt sensationell. So gut kann man es selbst gar nicht machen.

Apropos »gut«: Die Lage der Kabine ist ebenfalls wichtig. Nicht für weltmeererfahrene Seebären. Die können überall schlafen. Aber Unerfahrene sollten zwei wichtige Gesetze kennen:

1. Je tiefer das Deck ist, auf dem die Kabine liegt, umso näher ist sie am Schwerpunkt des Schiffes gelegen und damit umso ruhiger, wenn's sich doch mal bewegt. Das Schiff.

2. Je weiter die Kabine in der Mitte des Schiffes liegt – also in Bezug auf die Entfernung zwischen Bug und Heck –, umso näher ist sie am Drehpunkt des Schiffes, und damit umso weniger bewegt geht's in ihr zu, wenn's in den anderen Kabinen hoch hergeht. *(Hebelgesetz!)*

Es gibt allerdings auch einen Nachteil bei diesen Kabinen – denn nichts gibt's auf der Welt ohne einen Preis, den man dafür zahlen muss: Diese Kabinen haben – eben weil sie auf dem untersten Deck und damit nahe an der Wasserlinie liegen – keine großen Fenster, sondern nur Bullaugen. Und die sorgen nicht unbedingt für einen von Sonnenlicht durchfluteten Raum. Und einen Balkon kann es auch nicht geben – so nah an der Wasserlinie. Das gibt's nur bei den Außenkabinen weiter oben.

Und damit ist das Stichwort gefallen. Denn wo es »Außenkabinen« gibt, muss es auch »Innenkabinen« geben. Letztere heißen so, weil sie keine Fenster haben. Überhaupt keine. Und deshalb günstig gebucht werden können. Bewohner von Innenkabinen träumen manchmal davon, sich eine vom Licht verwöhnte Außenkabine zu leisten. Das ist ein verständlicher und durchaus sinnvoller Traum. Für alle Routen. Außer für die Nordkap-Touren. Und alle Fahrten, die über die Polarkreise hinausgehen. Und das hat seinen Grund.

Im Juli/August ist's dort oben nicht nur *(relativ)* warm, sondern vor allen Dingen hell. Und zwar 24 Stunden am Tag. Sie ahnen, worauf ich hinauswill? Genau! In dieser Erdengegend ist es gut, wenn man im Sommer nachts ein dunkles Plätzchen hat. Und hier kommt die Innenkabine ins Spiel.

Ich habe es erlebt, wie ich nachts um drei (!) auf dem Achterdeck noch eine Sonnenbrille brauchte und mindestens sechs Wodka trinken musste, um die nötige Bettschwere bei solch intensiver Sonneneinstrahlung aufzubringen. Hat man jedoch eine Innenkabine, kann man seine Leber entlasten, denn sie ist fensterlos – die Leber UND die Innenkabine. Deshalb sind Innenkabinen auf Nordkap-Spitzbergen-Grönland-Reisen gesundheitsfördernd und ein innerer Standortvorteil, der die Reise zu einem angenehmen Erlebnis macht. Ehrlich! Und sie haben den Vorteil, dass sie budgetentlastend günstig sind.

Nun sind die Temperaturverhältnisse des hohen Nordens aber nicht jedermanns Geschmack für die kostbarsten Wochen des Jahres. Manche wollen Sonne und Wärme satt. Die sollten dann die warmen Routen wählen *(➢ siehe »Destinationen«)* – und eine Kabine mit Balkon.

Übrigens ist eine Balkonkabine sogar für eine Antarktisreise sehr empfehlenswert. Bei meiner ersten Antarktisreise hatte ich das Vergnügen, über ein solches Privileg zu verfügen. Es war ein Privileg, da die Reise sich durch grandioses Wetter auszeichnete und uns die ganze Zeit hindurch strahlenden Sonnenschein bescherte. Unser Kapitän, der diese Route seit dreizehn Jahren befahren hatte, bat uns am Reiseende, nie wieder in die Antarktis zu fahren. Sein Argument: »So schön erleben Sie sie nie wieder!«

Und sie war wirklich grandios: Ich weiß noch, wie ich eines Tages auf dem Balkon saß, den Feldstecher in der Hand, um damit die vorbeiziehenden Eisberge zu betrachten. Mit einem Mal hörte ich ein tiefes Seufzen neben mir. Es war natürlich kein Seufzen, sondern das tiefe Schnaufen eines Wales – der genau vor meinem Balkon durch sein Atemloch die verbrauchte Luft verblies. Ich schaute zu ihm hinunter und erlebte mit meinen eigenen Augen, mit welcher Eleganz diese Kolosse der Meere durch das Wasser gleiten können. Auf und ab. Immer wieder zeigte er mir seinen Rücken, während er den Krillschwarm aberntete, der sich an dieser Stelle unterhalb der Wasseroberfläche aufhielt. Wenig später zeigte er mir seine Fluke und tauchte in die kalten Tiefen des antarktischen Meeres hinab. All das mit großer Stille und Bedachtsamkeit. Es war ein großer Moment und eine fast schon persönliche Begegnung mit diesem beeindruckenden Vertreter der Natur. Sie hat sich fest in meine Erinnerung eingebrannt und wird mir unvergesslich bleiben. Dem Balkon sei's gedankt. *(➢ Mehr zum Thema »Balkon« ebendort)*

Kaltabreise

Das ist ein ernstes Thema. Wirklich.

Jedes Schiff muss einen gut gekühlten Raum haben, in dem ein auf See Verstorbener zwischengelagert werden kann. Das ist Vorschrift. Sonst darf es keine Passagiere befördern. Also Lebende. Wie lange »man« in diesem unterkühlten Raum mitreiseyn muss, kommt auf den Zeitpunkt und Ort des Ablebens an. Zunächst muss der mitreisende Schiffsarzt natürlich den »Exitus« feststellen. Logisch. Damit aber nicht genug. Sobald das der Fall ist, muss dieser Vorfall im nächsten anzulaufenden Hafen gemeldet werden, damit die sogenannten »Authorities« des betreffenden Landes an Bord kommen können, um sich der Sache anzunehmen. Denn die wollen von Amts wegen feststellen, ob es sich um ein natürliches Ableben handelt oder eine »exit-orientierte« Maßnahme mitreisender Erben, Nebenbuhler oder mit niederen Motiven ausgestatteter Zeitgenossen. So etwas kann sich hinziehen und gehört sicherlich nicht in die Rubrik »Meine schönsten Ferienerlebnisse«. Für den Bewohner des oben erwähnten Kühlraums sowieso nicht, aber auch nicht für seine Angehörigen.

Aus diesem Grund wünschen wir allen Mitpassagieren unentwegt jede Menge Gesundheit, Glück auf allen Seewegen und liebevolle Angehörige, die nur eins wollen: Gemeinsam einen schönen, harmonischen und glücklichen Urlaub auf See verbringen. Wobei die Betonung auf »gemeinsam« liegt.

Jetzt verstehen Sie, warum von der Existenz dieses »Kühlraumes« kein großes Aufheben an Bord gemacht wird, schließlich geht es bei einer Kreuzfahrt um eine möglichst angenehme Gegenwartsgestaltung – nicht um unser aller finale Zukunft.

Und? Erzeugt die hier kurz in Erinnerung gerufene Endlichkeit unseres Seins beim Kreuzfahrtbegeisterten jetzt Trübsinn? Absolut nicht. Ist er doch ein Experte für das Hier und Jetzt, der sich sein Leben mit beiden Armen nimmt*, es ans Herz drückt und mit allen Sinnen genießt.

* *Merken Sie was? Im Deutschen wird die Bedeutung von »sich das Leben nehmen« meistens um 180 Grad verdreht benutzt. Denn seiner ursprünglichen Bedeutung nach ist dieser Ausdruck optimistisch und dem Leben und seinen Freuden aus vollem Herzen zugewandt.*

Klabautermann

Ob Sie es glauben oder nicht, aber der Seemann hält ihn für real. Bis heute. Im Zeitalter des Internets und der ubiquitären Kommunikation. Tatsache! Nun könnte man natürlich hingehen und das Ganze als Seemannsgarn abtun. Oder als eingeschränkte Hirntätigkeit respektive mentale Schlichtheit maritim ausgedörrter Hirne. Aber wie das Leben lehrt, erfährt man mit solchen Diskriminierungen niemals den Grund einer bestimmten Denkhaltung. Bestenfalls kommt man so zu einem semi-toleranten »Na ja, wenn's hilft«.

Um die Antwort auf das »Warum?« zu bekommen, muss man deshalb erst mal fragen, WAS der Seemann im Klabautermann sieht. Wir Landratten machen uns nämlich eine falsche Vorstellung vom Sinn und Zweck dieses maritimen »Unholds«. Der gute Mann, dessen »klabauter« vom niederdeutschen »klabastern« kommt, was so viel wie »lärmen« und »poltern« heißt, gehört zum schleimigen Gefolge Neptuns, hat die äußere Gestalt eines »Waldschrates der Meere« und ist KEIN Bösewicht, sondern – ein positiver Geist, der den Kapitän vor Gefahren warnt. Aha!

Zweitens ist interessant zu erfahren, woran der Seemann die Existenz des Klabautermanns festmacht. Mir haben dazu gestandene Fahrensleute in vollem Ernst erzählt, dass es viele merkwürdige Dinge an Bord gibt, die man sich nun mal nicht anders erklären könne. Wie zum Beispiel unerklärliche Lichterscheinungen oder rätselhafte Wetterwechsel, die man trotz satellitengestützter Informationen nicht erwarten konnte.

»Manchmal gibt es auch merkwürdige Klopfgeräusche an der Schiffshaut«, erklärte mir ein junger Kapitän seinen Klabauterglauben, »für die du keine Erklärung hast. Bei näherem Hinschauen stellst du fest: Da klopft gerade keiner Rost, da arbeitet nicht das Metall durch Temperaturunterschiede, da hat der Chief *(➢siehe dazu »Offiziere«)* niemanden im Einsatz, der bei der Arbeit solche Geräusche von sich geben könnte – und trotzdem klopft es. Ich habe schon mehrmals das halbe Schiff auf den Kopf stellen lassen, weil ich der Sache auf den Grund gehen wollte. Es hätte ja Gefahr im Verzug sein können. Aber es gab um's Verrecken keinen einzigen Hinweis, wer oder was da klopfte. Es klopfte einfach. Seitdem glaube ich an den Klabautermann.«

»Es gibt unter Seemännern die alte Regel«, so ein anderer Kapitän, »›Wenn er klopft, bleibt er. Wenn er hobelt, geht er.‹ Und da der Klabautermann nur dann das Schiff verlässt, wenn es untergeht, ist es gut, wenn er bleibt. Und hin und wieder klopft.«

Was soll man dazu als gemeine Landratte sagen? Der Psychologe würde vielleicht sagen: »Als Seemann ist man den wechselhaften Auswirkungen der Natur sehr viel stärker ausgeliefert als jeder andere Mensch – und zwar relativ hilflos. Dieses hilflose Ausgeliefertsein wird gesteigert, indem es in einer für Menschen ausgesprochen unfreundlichen Umgebung stattfindet – nämlich auf See. Denn trotz bester Ausrüstung und Ausbildung fühlt man sich gegenüber dem Wetter zum Beispiel in der ›Nordwest-Passage‹ oder der ›Antarktis‹ sehr klein und unbedeutend. Da mobilisiert der Gedanke an eine übergeordnete Macht, die einem wohlgesinnt ist, sicherlich die letzte Energiereserve. Und hilft – nach überstandener Krise –, das Erlebte zufriedenstellend in den eigenen Wissens- und Erfahrungsschatz zu integrieren.« Hm.

Ist der Glaube an den Klabautermann also alles nur ein Trick einer den Elementen ausgelieferten Seele? Kann sein. Aber auch ohne Sturm und Nebel bleiben die unerklärlichen Klopfgeräusche an der Außenhaut des Schiffes ein Thema. Auf JEDEM Schiff. Auch auf Passagierschiffen. Ob man will oder nicht.

Deshalb gibt es immer wieder Momente, in denen der Kapitän verstohlen – und ohne dass es die Passagiere merken würden – einen Schnaps über die Reling schüttet. Zur Besänftigung des Klabautermanns. Der soll nämlich bleiben, wo er ist. An Bord.

Landgang

Man wird als Reisender, der schon drei Meilen mit einem Schiff gefahren ist, immer gerne gefragt, wo es denn am schönsten sei. Das lässt sich glasklar beantworten: Es ist überall schön – bloß anders. Und wer diesen Unterschied nicht herausfinden will, für den gibt es einen guten Rat: Bleiben Sie daheim. Denn so wie es da ist, ist es sonst nirgendwo. Definitiv nicht. Und das soll es auch gar nicht!

Will man also Reisen nicht als Wechsel einer dreidimensionalen Fototapete bei unterschiedlichen Außentemperaturen missverstehen, ist man flugs bei sich selbst angekommen. Denn: Zuallererst lernt man beim Reisen etwas über sich und das Land, in dem man lebt. Was? Das kommt drauf an, auf was Sie sich einlassen. Man begegnet anderen Erfahrungen, wenn man auf der 286-Seelen-Insel »Tristan da Cunha« im südlichsten Südatlantik von Bord geht, als im Big Apple New York. Man erlebt anderes in den steilen Fjorden Norwegens, als wenn man in Stockholm anlegt und in null Komma nix mitten in herrlichen Straßen flanieren kann. Man ist anders berührt in einem Straßencafé in La Valletta auf Malta, als wenn man in Istanbul liegt. Oder im südindischen Cochin. Banal? Richtig. Aber manchmal muss man es sich in Erinnerung rufen, dass es etwas gibt, was alle diese Plätze verbindet: die Bereitschaft zu STAUNEN. Und das bedeutet, das Gesehene nicht den bisher gemachten Erfahrungen unterzuordnen und zu filtern, sondern sich von ihm berühren zu lassen. Das kann eine sehr starke Kraftquelle sein. Und sehr viel Spaß machen. Egal wo! Und mal ehrlich: Ist das Bewusstsein »Die Welt ist schön!« nicht eine optimistisch stimmende, positive Einstellung zum Leben? Die man auch wunderbar mit nach Hause nehmen kann?

Der Ordnung halber möchte ich aber noch anfügen, dass es auch Passagiere gibt, die regelmäßig eine Weltreise machen, ohne allzu oft von Bord zu gehen. Das verblüfft den einen oder die andere vielleicht. Muss es aber nicht. Diesen Passagieren ist das Schiffserlebnis das Wichtigste an der Reise. Und weil sich ein Schiff auf See bewegen muss, nehmen sie die ständigen Destinationen billigend in Kauf. Aber schön ist es für sie nur an Bord. Das zeugt von einer großen Liebe zu »ihrem« Schiff und der Schifffahrt. Wobei die Betonung auf FAHRT liegt.

Liegestühle

»Der Liegestuhl ist ein Teil der Kabine. Egal wo er steht!« Das stimmt zwar nicht, wird aber von einigen Passagieren so praktiziert, weshalb sie fröhlich nicht nur ein Auge auf »ihren« Liegestuhl werfen, sondern auch gleich ein ganzes Bündel an Ansprüchen hinterher. Es soll Gäste geben, die nicht davor zurückschrecken, sich an Land in einem Eisenwarenfachgeschäft eine Kette samt Vorhängeschloss zu kaufen, um sich so »ihren« Liegestuhl – und den Platz, an dem er stehen »muss« – zu sichern. Dass diese Reservierungslust kein deutsches Leiden ist, kann man daran sehen, dass es Handtücher zu kaufen gibt, in die über die gesamte Länge das Wort »reserviert«, »reserved« oder »reservée« in die Wirkware gewebt ist. Sein Revier abzustecken, scheint wohl ein archaischer Reflex zu sein. Wie bei Hunden, die dazu ihr Bein heben.

Auch wenn die meisten Passagiere davon dankenswerterweise absehen, markieren einige *(sehr zum Missfallen der Schiffsleitung aller Vergnügungsdampfer dieses Erdballs)* »ihr« Territorium gerne mit »persönlichen« Gegenständen. Diesen Gedanken haben einige Schiffe aufgegriffen und die Handtücher aus der Anonymität herausgerissen, indem sie dazu übergegangen sind, die Poolhandtücher mit großen, grafisch schön gestalteten Nummern zu versehen. Diese nummerierten Stücke kann man beim Decksteward gegen eine Pfandgebühr leihen, wobei auch der Name des leihenden Passagiers notiert wird. Wer sich also schon am frühen Morgen den Wecker stellt, um sich schlaftrunken aufs Pooldeck zu schleppen, qua Handtuch zwei Liegen zu reservieren, und sich dann noch mal in seiner Kabine für eine zweite Runde aufs Ohr legen will *(was häufiger passiert, als man glauben mag)*, ist mit dieser Methode leicht zu identifizieren. Einerseits.

Andererseits ist damit aber auch klar zu erkennen, wenn ein besetzter Stuhl in der Tat »besetzt« ist. Wie lange? Das entscheidet der Decksteward. Denn liegt das Handtuch zu lange auf dem Stuhl, ohne dass sich sein Besitzer hin und wieder auf es wälzt, wird es abgeräumt. Das fördert die Disziplin – und hat noch einen weiteren Vorteil: Der Handtuchverbrauch bleibt in realistischen Dimensionen. Stehen nämlich die Handtücher am Pool einfach so zur Verfügung, verbraucht der auf Großzügigkeit eingestellte Schiffsgast bis zu neun (!) Badehandtücher am Tag. Pro Person! Das erzeugt nicht nur sehr viel Arbeit und Kosten, sondern steht auch nicht im Verdacht, die Umwelt besonders zu schonen. Die Handtuchnutzung gegen Pfand reduziert diesen verschwenderischen Verbrauch beträchtlich. Sollten Sie auf Ihrer nächsten Schiffsreise also dieser Handtuch-Regelung begegnen, sehen Sie sie als das, was sie ist: eine Strategie, die der Umwelt dient – ebenso wie Ihrem ungestörten Zugang zur maritimen Grillstation, genannt »Sonnendeck«.

Was macht man aber als sonnenhungriger, doch friedliebender Passagier auf einem Schiff ohne nummerierte Handtücher? Man will ja schließlich niemanden vertreiben. Und wie kann man unterscheiden, ob der Liegestuhl-»Inhaber« nicht nur gerade in den Pool gehüpft ist, sondern »auf Vorrat« reserviert hat?

Ein Tipp: Liegt auf der Liege ein Bestseller samt Handtuch, ist die Wahrscheinlichkeit hoch, dass es sich um einen »Pool-Hüpfer« handelt. Denn wer läuft schon Gefahr, seinen Schmöker zu verlieren, wo es doch gerade so spannend ist. Überhaupt weist alles wirklich Persönliche wie Handtaschen, Lesebrillen, iPods auf einen kurzen Abstecher ins kühle Nass. Banales und Wertloses hingegen auf einen Dauerreservierer.

Übrigens gehen inzwischen verschiedene Schiffe dazu über, die auf den Liegestühlen liegenden Gegenstände im Halbstundentakt durch Deckstewards einsammeln zu lassen und als Fundsachen zu behandeln, die sie an der Rezeption auf einem gesonderten Tisch »zur Abholung« auslegen. Da muss sie der Besitzer dann in Empfang nehmen – vor aller Augen. Interessanterweise ist an diesen Tischen immer spätabends viel Betrieb. Wenn die anderen schon im Bett sind, treffen sich dort wie von Geisterhand die »Gleichgesinnten«. Und nicht selten setzen sie dort ihre atavistischen Territorialkämpfe auch gleich weiter fort.

Höchst erfolgreich ist folgende Anti-Reservierungs-Kampagne auf einem der großen Schiffe: So steht dort regelmäßig auf dem täglich wechselnden Tagesprogramm *(das ja jeder an Bord gründlich liest, um nichts zu verpassen)*, dass man bitte vom Reservieren der Liegen am Pool Abstand nehmen möge *(was auf allen Kreuzfahrtschiffen dieser Welt vollkommen folgenlos täglich geschrieben wird)* – und dass die Schiffsleitung zur besseren Einhaltung dieser Bitte die ohnehin aus Sicherheitsgründen auf das Pooldeck gerichteten Kameras so eingestellt habe, dass sie Verstöße dagegen aufzeichnen würde! Diese Bilder würden ab sofort – *Achtung, jetzt kommt's* – abends in der Lounge vor dem Hauptabendprogramm auf der großen Leinwand gezeigt. Das Resultat ließ nicht lange auf sich warten: Alle Liegen blieben unreserviert.

Eine höchst wertvolle pädagogische Maßnahme, die auf allen Passagierschiffen dieser Welt regelmäßig wiederholt werden sollte. Nicht als Drohung, sondern als fester Bestandteil des abendlichen Entertainmentprogramms. Von Beginn der Reise an.

Lotsen

»Jede Schiffsreise endet in einem Hafen«, sagte der weise Lot-Se 15 000 v. Chr. im fernen »Reich der Mitte«. Sein Ausspruch zeugt zwar von enormer Reiseerfahrung, lässt den weisen Lot-Se aber völlig zu Unrecht als geistigen Vater der modernen Schifffahrt erscheinen. Denn der deutsche Name »Lotse« kommt vom englischen »loadsman«, was so viel wie »Geleitsmann« heißt. Dabei handelt es sich um einen Mann – seltener um eine Frau –, der einem Schiff »Geleit« gibt. Das heißt zum einen, dass er nicht selbst Hand anlegt – z. B. am Ruder –, weil er nämlich nur eine beratende Funktion hat. Zum anderen, dass er weiß, WO das Schiff fahren kann und an welcher Stelle es sich den Bauch aufreißt. Der Lotse ist dazu mit allen Untiefen seines Reviers auf Du und Du. Diese persönliche Bekanntschaft mit dem Geschehen in trüben Gewässern gehört zu seinem Berufsbild und wird fortwährend von ihm vertieft. Dazu fahren kleinere Schiffe mit Echolot *(also den Geräten zur elektroakustischen Messung von Wassertiefen)* durch die zu befahrenden Flussmündungen, Hafenzufahrten und den Hafen selbst und vermessen, wie sich der schleimig-schmierige oder sonst wie bewegliche Untergrund verändert. Das tut er durch die Strömung des Flusses, die Bewegungen der ihn befahrenden Schiffe, durch die Gezeiten und weiß der Neptun was.

Die Mehrheit der nicht deutschen Fahrensmänner nennt die »Lotsen« übrigens »Pilot«. Der kommt zur Arbeitsaufnahme mit seinem Bötchen dem einzuweisenden Schiff weit vor der Hafen- oder Flusseinfahrt entgegen. Die Steuermänner dieser Lotsenboote sind echte Könner – weil das reinzulotsende Kreuzfahrtschiff nicht extra anhält, um seinen Piloten an Bord zu nehmen. Das geschieht vielmehr während der Fahrt. Deshalb düsen die Lotsenschiffe erst mal mit sehr viel Speed hinter dem Kreuzfahrtschiff hinterher, das zur Aufnahme des Piloten seine Einstiegsluke öffnet und eine Strickleiter raushängen lässt – freundlicherweise meist auf der dem Wind abgelegenen Seite, genannt »Lee« *(➢ siehe nächstes Kapitel »Luv & Lee«)*. Das Pilotboot beschleunigt nun von achtern kommend auf die gleiche Geschwindigkeit des Kreuzfahrtschiffs, schiebt sich dabei langsam zu der Strickleiter vor und immer dichter an den Bauch des Kreuzfahrtschiffes heran, bis der Lotse – bereits am Rand des Pilotschiffes stehend – mit einem Griff und Schritt auf die Strickleiter steigen kann. Bei schönem Wetter ist das für ihn ein Routinespaziergang. Bei Seegang jedoch, wenn das kleinere Boot an der Außenwand des großen auf und ab tanzt, ist das eine artistische Einlage. Und kann auch schon mal abgebrochen werden.

In einigen Häfen – wie z. B. Durban in Südafrika

und Singapur in Asien – kommen die Piloten mit ihren Kollegen aus der Luft aufs Schiff. Genauer gesagt mit einem Helikopter. Das ist für die Passagiere spektakulär und macht was her. Allerdings nur von Weitem. Bei näherer Betrachtung schweben die Lotsen nämlich nicht wie James Bond auf den Kufen des Helis stehend ein, sondern hängen wie ein nasser Sack in der Schlaufe der Seilwinde. Trotzdem sorgt ein solcher Auftritt ordentlich für Wind.

Bei stürmischem Wetter ist allerdings auch der Hubschrauberpilot manchmal überfordert und kann den Lotsen genauso wenig an Bord bringen wie sein maritimer Chauffeurskollege.

Lotsen sind meist *(in Deutschland grundsätzlich!)* Kapitäne mit vielen Jahren Schiffserfahrung auf den sieben Weltmeeren. Nun könnte man als Landratte meinen, dass der Lotse an Bord das Ruder übernimmt, um es sicher in den Hafen zu steuern. Irrtum. Der Lotse rührt in der Brücke nichts an – außer vielleicht einer Tasse Kaffee oder einer Zigarette, die er vom Schiff als »Wegzehrung« bekommt. Der Lotse hat nämlich nur BERATER-Funktion. Die Verantwortung für alle Manöver des Schiffes bleibt weiterhin beim Kapitän. Er kann sich also Rat beim Lotsen holen oder Empfehlungen von ihm annehmen, muss aber immer selbst den Kopf hinhalten, wenn etwas schiefgehen *sollte*.

Die Ein- oder Ausfahrt in einen Hafen ist allerdings bei normalem Wetter selten dramatisch, weil sie zeitlich übersichtlich ist.

Die Durchfahrt durch den Beagle-Kanal im Süden Südamerikas hingegen oder durch die chilenischen Fjorde an seiner Westflanke dauert viele Tage und kann sehr haarig werden – weil manche Stellen richtig eng sind. Manche kann man sogar nur in einem Zeitfenster von einer Viertelstunde passieren. Dann nämlich wenn sich beim Übergang zwischen Ebbe und Flut für kurze Zeit die herausströmenden Wassermassen mit den hereinströmenden die Waage halten, weil die Fjorde mit dem Pazifik und den dort herrschenden Gezeiten verbunden sind. Kein Wunder also, dass man dort ebenfalls Lotsen an Bord haben muss.

Ich habe einmal mit einem Expeditionsschiff die Passage eines solchen Engpasses im chilenischen »White Channel« erlebt. Sie war nur wenige Meter breiter als das Schiff selbst. Sie musste überdies mit viel Kraft der Maschinen angegangen werden, weil plötzlich Böen von vorne hochgingen, die das Wasser »fliegen« ließen. Ein Kollege stand zu diesem Zeitpunkt ganz vorne am Bug des Schiffes, um zu fotografieren, und war sehr froh, dass er den Flaggenstock direkt im Rücken hatte. Der Gegenwind *(mit ca. 100 Stundenkilometern)* hätte ihn sonst weggeweht. Zu allem Überfluss musste das Schiff gleich nach der Passage dieser Engstelle scharf nach Backbord abdrehen, weil mittschiffs voraus ein Felsen war. Ein spannendes Manöver, bei dem auf der Brücke höchste Konzentration und absolute Stille herrschte.

Diese Stille und die drei klitzekleinen Schweißtropfen auf der Stirn des Kapitäns waren für mich der letzte

Beweis, dass dieser Job weder ein Wattebausch-Schubsen ist noch ein etwas größeres Computerspiel, bei dem man nach einem Fehler einfach an einem neuen Highscore arbeitet.

Ich habe mir übrigens nach dem Manöver einen 12 Jahre alten Highland Park gegönnt. Und wahrscheinlich hätte ich die ganze Flasche VOR dem Manöver getrunken, wenn ich gewusst hätte, wie der Lotse das Manöver NACHHER kommentierte. Der Lotse meinte nämlich: »Now I go down and change my underwear.« Wobei er offenließ, ob er damit das Unterhemd oder die Unterhose meinte.

Luv & Lee

Diese beiden Seiten unterscheiden zu können macht nicht nur einen seemännischen Eindruck, der bei Erzählungen zu Hause gut ankommt – es erspart einem auch Reinigungskosten. Sowohl bei sich als auch bei anderen Passagieren. Sollte einen nämlich Übelkeit übermannen, verbunden mit einem ruckartigen Einschalten der Antiperistaltik Ihres Schluckapparates, ist es hilfreich, sich auf die dem Wind abgekehrte Seite des Schiffes hin zu übergeben. Diese Seite nennt man Lee.

Will man sich hingegen den Wind um die Nase wehen lassen, sollte man sich der Wind zugekehrten

Seite – nach Luv – zuwenden. Kann man Luv und Lee nicht der Backbord- oder Steuerbordseite zuweisen, kommt der Wind von vorne oder von achtern – also von hinten. Dann ist Luv und Lee wurscht.

Und wie kann man sich als Landratte die Unterscheidung von Luv und Lee merken?

Von Luvvvvv kommt der Wwwwind.

Nach Leeeee – auf die Seee – geht er hin.

Mitesser

Der Mitesser ist keine Hautunreinheit, sondern der Herr und die Dame, mit denen man im Bordrestaurant das Tischtuch teilt. In vielen Schiffen sind das für die Dauer eines Reiseabschnittes immer dieselben Personen. Auf diese Weise entsteht eine Tischgemeinschaft. Ob man will oder nicht.

Deshalb kann man alle Passagiere in zwei große Gruppen unterteilen. Diejenigen, die froh sind über ihre Mitesser, weil sie sich mit ihnen gut verstehen. Und diejenigen, die die Herrschaften billigend in Kauf nehmen. Die erste Gruppe erkennt man durch gute Stimmung bei Tisch und stetig neue Weinbestellungen. Die andere Gruppe vermittelt eher den Eindruck von diplomatischen Arbeitsessen, in deren Verlauf sehr viel Konzentration auf die Aufrechterhaltung des Gesprächsflusses verwendet wird. Solche Tischgemeinschaften heben nach erfolgreicher Essensaufnahme sehr schnell die Tafel auf – meist ehepaarweise – und sitzen anschließend in der Bar NICHT zusammen. Diesen Reisenden, die mein ganzes Mitgefühl haben, sei hiermit mitgeteilt, dass es in jedem Schiffsrestaurant den Maitre D′ gibt *(➢ siehe »Offizier«)*, der den Service überwacht und für die Wünsche der Gäste ein offenes Ohr hat. Und zwar für alle Gäste. Und weil deshalb alle Fäden bei ihm zusammenlaufen, weiß er am ehesten, welche Tischgemeinschaften nicht gesellschaftsfähig sind und wer wohin passen könnte.

Wechselwillige wird er deshalb mit der nötigen Diplomatie umpflanzen und so für mehr Spaß beim Kreuzen von Essbestecken und Gläsern an den infrage kommenden Tischen sorgen. Das ist in aller Sinne. Denn erfahrungsgemäß nehmen nicht nur die Gäste an Volumen zu, wenn ihnen das Essen Spaß macht, sondern auch das Trinkgeld für den Maitre und seine Mannen.

Nun läuft man allerdings bei längeren Reisen Gefahr, dass einem trotz angenehmer Gesellschaft mit der Zeit die Themen ausgehen können. Dagegen gibt es mehrere Mittel. Das eine ist der »Wechselsitzer«. Meist gilt nur beim Abendessen die Tischordnung. Und zwar aus organisatorischen Gründen, weil abends alle Passagiere gleichzeitig im Bordrestaurant die mehrgängige Speisenfolge in sich aufnehmen möchten. Morgens und mittags, wenn sich die Aufnahmewilligen auf mehrere Restaurants und Bistros verteilen, ist gemeinhin freie Platzwahl. Zu diesen Zeiten variiert der Wechselsitzer seine Tischnachbarschaft und nimmt Platz, wo es ihm am angenehmsten erscheint. Mal Backbord an Tisch 2, mal Steuerbord an 64, mal hinten im Bistro, mal vorne im Lido. Erstens lernt er dadurch neue Leute kennen.

(Sie glauben ja nicht, wie groß so ein Schiff sein kann.) Und zweitens hat man dann beim abendlichen Miteinander in der alten Besetzung neuen Gesprächsstoff. »Stellen Sie sich vor, was mir heute passiert ist …«

Beliebt ist auch das Gespräch über Erlebnisse beim Landgang. Mancher »Eingeborene« ist ja durchaus eine Geschichte wert. Wichtig: Sich am Vorabend abstimmen, wer am Folgetag welchen Landausflug macht. Sollten alle denselben Ausflug machen, erzählt man sich sonst *(mangels neuerer Informationen, da ja alle am selben Ort waren)*, was einem nicht gefallen hat. Das führt zu Obstipationen – bei Stimmung und Verdauung.

Womit man sich beim Maitre richtig beliebt macht – und das ist tatsächlich so –, ist das Angebot, als »Springer« einsetzbar zu sein, also immer mal wieder an anderen Tischen zu tafeln, falls dort personelle oder thematische Konflikte auftauchen. Das fördert den Passagierkontakt untereinander *(»N'Abeeeend!«)*, beseitigt Barrieren *(»Da muss ich Ihnen eine Geschichte erzählen!«)* und fördert die Legendenbildung für die Lieben daheim *(»Wir haben einen echten Abenteuerurlaub hinter uns. Ihr glaubt es nicht …«)*.

Zur Vermeidung von Langeweile ist bei Schiffspassagieren auch das Spiel beliebt, anderen Mitreisenden, deren Namen man nicht kennt oder nicht kennen will, Eigennamen zu geben. Das muss nicht abfällig und schmähend sein – kann es aber.

Ein Ehepaar, das dieses Spiel pflegte, gab den Personen, die tagein und tagaus an ihren Tischen vorbeidefilierten, sympathische Codenamen wie »Cary Grant« oder »Herbert von Karajan«. Andere bekamen weniger schmeichelhafte Bezeichnungen: »Rentner-Barbie« für eine in die Jahre gekommene wasserstoffperoxydgebleichte Blondine. »Käpt'n Blaubär« für einen ruppigen Herrn von der Waterkant, der sich abends an der Bar die Kante gab – und zwar mit allem außer Wasser. Oder »Lederstrumpf« für eine Person, die ihre Haut ausgiebig auf dem Sonnendeck zu Markte trug und sie gnadenlos so lange den UV-Strahlen aussetzte, bis sie einen »luftgetrockneten« Eindruck machte. Und schließlich eine gut gekleidete ältere Dame, die zu jeder Zeit des Tages – und selbstverständlich des Abends – mit einem Cocktailglas in der Hand anzutreffen war und spätestens nach dem Frühstück mit schwankenden Bewegungen durch das Schiff *(und niemals an Land)* trudelte. Sie hatte sich verdientermaßen den Namen »Queen Mom« ertrunken.

Zum Thema »Mitesser« gehört noch eine weitere wichtige Information, die man als Seereisender unbedingt kennen sollte: Unwissende – vor allen Dingen Damen – verfallen leicht in Panik, wenn sie während der Reise den Eindruck haben, sie hätten zugenommen, weil ihre Kleidung enger wird. Das ist jedoch eine maritime Textilveränderung, die etwas mit Kleinstorganismen zu tun hat, die aus dem speziellen Mikroklima eines

Schiffes nicht wegzubekommen sind. Sie setzen sich in Kleiderschränken und Schubladen – meist schon während der Jungfernfahrt eines Schiffes – fest und führen dort unter optimalen Bedingungen ein angenehmes Leben. Sie brauchen nämlich einerseits den Salzgehalt der Seeluft und andererseits die Trockenheit, die durch die Klimaanlage gewährleistet wird. Unter diesen Bedingungen können sie in einem bisher noch nicht geklärten biochemischen Verdauungsprozess sämtliche uns derzeit bekannten Textilfasern verkürzen. Selbst hochaggressive Chemikalienangriffe erfahrener Kammerjäger und massive Ausrottungsmaßnahmen pestiziderfahrener Schädlingsbekämpfer konnten dieser kleinen Plagegeister bislang nicht Herr werden. Aber letztlich – und das muss man bei aller Sorge auch wissen – sind diese gefräßigen Kleinstlebewesen, die man übrigens als »Kalorien« bezeichnet, harmlos.

Mondfahrt

Eigentlich sollte diese Seite mit der nächsten zusammenkleben, die man – wie früher – erst mit einem Messer voneinander trennen muss, um sie lesen zu können. Denn hier steht echtes Geheimwissen. Wer sich mit solchen »Mysterien« auskennt, weiß, dass man ihnen ihren Zauber und ihre Energie nimmt –

wenn man sie einfach ausspricht. Deshalb sei hier nur so viel angedeutet: Es gibt sie, die absolut unvergessliche, unvergleichliche und durch nichts zu übertreffende Fahrt mit einem Schiff …

Stellen Sie sich vor – der Vollmond ist gerade aufgegangen. Mittschiffs voraus. Himmel und Meer verschwinden im tiefen Dämmerdunkel. Die See liegt ruhig und spiegelglatt vor Ihnen. Sie stehen auf der Brücke oder auf dem Vordeck und Ihr Schiff fährt auf die sich im Meer spiegelnden Strahlen des Mondes zu. Und wenn Sie auf die silbernen Schleier im Wasser und den dahinter liegenden Mond schauen, spüren Sie, wie sich das Schiff leicht hebt und aufwärts fährt. Hinauf. Dem Mond entgegen. Lassen Sie Vernunft und Ratio ausgeschaltet und genießen Sie – solange Sie es aushalten – dieses einzigartige Gefühl.

»Trinkt, oh Augen, was die Wimper hält,
von der goldnen Fahrt zur Anderwelt.«

Nachts

»Nachts sind alle Katzen grau«, sprichwortelt der Dichter.

»Und alle Cruiseships sind auf Fahrt«, ergänzt der Seemann.

Eine in ihrer Bedeutsamkeit nicht zu unterschätzende Information. Kämpft doch der mit einer Kreuzfahrt liebäugelnde Novize oftmals mit der Fantasie, er wäre auf einem Dampfer »eingeschlossen« und käme tagelang nicht von Bord, weil sich das Schiff auf den unendlichen Weiten des Meeres aufhielte. Das trifft auch zu. Aber nur auf Transatlantiküberquerungen. Da ist man in der Tat tagelang an Bord – aber das will man auch, weil man es so gebucht hat. Ansonsten ist man meist nur nachts unterwegs und bekommt fast jeden Morgen eine neue Stadt vor das Kabinenfenster gezogen, die man umgehend nach dem Frühstück betreten kann, um sie den ganzen Tag über zu erkunden.

Wer's nicht glauben will, befolge Laotses Weisheit: »Jede Reise von 1000 Meilen beginnt mit dem ersten Schritt«. Und der führt ins Reisebüro – um sich beraten zu lassen. Dazu gehört, dass Sie sich im Katalog nicht nur anhand der Bilder einen Eindruck von der

Innenausstattung des Schiffes verschaffen. Man sollte sich auch die Reiseabläufe der infrage kommenden Routen anschauen. Da steht dann zum Beispiel:

Tag	Hafen	Land / Insel	Ankunft	Abfahrt
22. 8.	Antalya	Türkei		23:00 (1)
24. 8.	Limassol	Zypern	8:00	18:00
26. 8.	Athen	Griechenland	8:00	18:00
27. 8.	Volos	Griechenland	8:00	18:00
28. 8.	Istanbul	Türkei	17:00	(2)
29. 8.	Istanbul	Türkei	(2)	13:00
30. 8.	Izmir	Türkei	10:00	19:00
31. 8.	Thira	Santorin	12:00	20:00
1. 9.	Marmaris	Türkei	9:00	17:00
2. 9.	Antalya	Türkei	6:00	

Das bedeutet Folgendes: Am 22. 8. legt das Schiff in Antalya um 23.00 ab (1). Das kann man sich schon mal schön vorstellen: Der weiße Dampfer gleitet hinaus in die tiefdunkle Nacht. Man steht mit einem belebenden

Getränk auf dem Achterdeck und sieht allmählich die Lichter des Hafens im Dunkel verschwinden. Die große Fahrt hat begonnen. Schöne Szenerie. Schöne Vorstellung. Guter Anfang.

Der folgende Tag – also der 23.8. (und auch der 25.8.) – fehlt als Datumsangabe in der Liste. Das bedeutet, dass es sich hierbei um Seetage handelt. An diesen Tagen ist man tagsüber auf See unterwegs. Also abhängen. Sonnenbaden. Swimmingpool durchpflügen. Und die anderen Annehmlichkeiten des Schiffes genießen. An den anderen Tagen ist man tagein, tagaus an einem anderen Ort. Sehenswürdigkeiten. Kaffee trinken. Leute gucken.

Und vom 28. auf den 29. (2) liegt man sogar nachts im Hafen von Istanbul und hat dort eine sogenannte »Overnight«. Sinn und Zweck: das Nachtleben der Bosporus-Metropole erkunden. Bis in die frühen Morgenstunden. Danach gibt's noch einen Nachmittag auf See, um sich von der turbulenten Nacht in Istanbul zu erholen – und dann geht's bis ans Ende der Reise so weiter: nachts fahren, tags an Land Eindrücke sammeln.

Neptun

Neptun ist als Herrscher der Meere seit den Römern *(bei den alten Griechen war's Poseidon)* ein gefürchteter Gott. Ist er doch nur schwer einzuschätzen und in seiner Gestaltungsfreiheit der Meeresoberfläche unvorhersehbar *(➢ siehe dazu auch »Wellen«)*. Es wird ihm sogar ein Hang zur Übellaunigkeit nachgesagt, die besonders dann eintritt, wenn ihm nicht die nötige Achtung entgegengebracht wird.

Rätselhafterweise ist seine Bereitschaft, sich mit den seefahrenden Erdenwürmern zu beschäftigen, an der Gürtellinie des Globus – also dem Äquator – am größten. Allerdings nur, wenn man diese Linie zum ersten Mal überfährt. Danach interessiert »Ihro Meerheit« das zur See fahrende Festlandsgekreuch bestenfalls als Spielball seiner Wellen. Damit dieses Spiel nicht zu arg ausfällt, werden im Sinne einer Unterwerfungsgeste die maritimen Novizen bei der Erstüberquerung des Äquators der Äquatortaufe unterzogen. Sie dient der Beschwichtigung ihrer unterseeischen Matjes-tät für das weitere Fortkommen auf seinen salzigen Gewässern. Einerseits.

Andererseits ist sie so etwas wie ein Initiationsritus für Jungseemänner *(und manchmal auch bedauernswerter -frauen)* auf ihrem weiteren professionellen

Lebensweg zur See. Dabei liegt die Betonung auf »professionell«. Denn was wir Passagiere als Äquatortaufe serviert bekommen, ist die homöopathisch verdünnte Kindergeburtags-Variante dessen, was früher bei der Handelsmarine praktiziert wurde. Hier ein kleiner Einblick in eine Äquatortaufe auf einem Handelsschiff, wie sie tatsächlich *(mehr als einmal)* stattgefunden hat.

Dazu muss man wissen, dass sich die Täufer als Lakaien von Neptuns Gnaden verstanden und als seine Untertanen versuchten, ihn gnädig zu stimmen. Sensible Leserinnen und Leser ahnen: Das hört sich nach vorauseilendem Gehorsam an. Und das war es auch. Denn niemand weiß ja letztlich, was der Herr mit dem Dreizack wirklich will. Aber Fantasien dazu hatten alle. Und ausbaden mussten das – die Täuflinge.

Vor der Taufe wurden sie tagsüber in eine stählerne Kabine eingesperrt, die bevorzugt an Deck stand, eng war und von der Sonne so richtig schön aufgeheizt wurde *(man befand sich ja in Äquatornähe)*. Zur Stimmungssenkung der maritimen Novizen schlug regelmäßig einer der Täufer mit einem Vorschlaghammer auf den Stahl ein, sodass zum räumlichen und temperaturmäßigen auch noch akustischer Terror kam. Dazwischen wurde ab und an die Luke geöffnet und die Täuflinge wurden mit Seewasser aus dem harten Strahl eines C-Rohrs »erfrischt«. Salz auf ihrer Haut. Plus Hitze und Gedröhn. Harte Kost!

Bis zur Taufe derart weichgekocht, wurde der arme

Tropf zum Auftakt auf ein Lattenkreuz gebunden *(Stichwort »christliche Seefahrt«)*, mit ölig-paraffinhaltigem Schmier am ganzen Körper gesalbt *(ein Zeug, das man wochenlang nicht abbekam)* und dann mit einem harten Besen und viel Seewasser abgeschrubbt. Wenn sich dabei die Haut ablöste, na dann hatte der Täufling halt eine schwache Haut. Aber die »Sünden« des Landrattendaseins mussten für Neptun nun mal vom Körper abgewaschen werden. Da gab es kein Pardon.

Ein weiterer Klassiker war das »Stinkefass«. Es handelte sich dabei um ein 200-Liter-Fass, in dem die Essensreste der gesamten Reise gesammelt wurden. Zweckmäßigerweise stand es am Heck des Schiffes, wo es der prallen Sonne ausgesetzt war, damit die Fäulnisprozesse auf vollen Touren laufen konnten – die dabei entstehenden Gase aber mit dem Fahrtwind davongetragen wurden. Zur Taufe »durften« die Täuflinge in dem randvoll gefüllten Fass »Platz nehmen«. Zwei Stangen, die durch den oberen Rand des Fasses gesteckt wurden, verhinderten, dass sie aus der Stinkebrühe aussteigen konnten, und sicherten gleichzeitig, dass der Kopf nicht untergehen konnte, sondern oben blieb. Oberhalb der üblen Gerüche, die dem Täufling direkt in die Nase stiegen. Und während ihm die Sonne fröhlich auf den Schädel knallte *(und die Täufer mit gut gekühltem Bier dabei zuschauten)*, kam auch noch der »Friseur«, um dem Täufling in diesem speziellen »Friseurstuhl« die

Haare zu schneiden. Selbstverständlich nicht zu seiner Verschönerung. Die Aspiranten konnten zum Beispiel wählen zwischen dem Modell »Fifty-fifty« *(die eine Hälfte des Kopfes wurde kahlrasiert, die andere blieb wie sie war)*, »Karo« *(es wurden einzelne »Haarfelder« herausgeschnitten)*, »türkischer Halbmond« *(das kahlgeschorene Haarareal hatte die Form eines Halbmondes)* oder »afrikanische Wolke« *(alles wurde kreuz und quer kurz geschnitten, sodass der Restschopf die Form einer Wolke bildete – ob Gewitterwolke, Cumulus oder Stratocumulus, blieb der Fantasie des Friseurs überlassen)*. Eigentlich waren die Frisurnamen aber wurscht, hatte diese Tortur doch ohnehin nur ein Ziel – die komplette Verschandelung des Täuflings.

Für den Fall, dass der Täufling mit den angewendeten Maßnahmen nicht zufrieden war *(und wie sollte er das sein)*, gab es einen »Ablasshandel-Beauftragten« *(wieder Stichwort »christliche Seefahrt«)*, der sich durch hartnäckige Schwerhörigkeit auszeichnete. Schlug der Täufling vor, gegen zwei Kisten Bier den Haarschnitt ziviler ausfallen zu lassen, verstand der »Ablass-Beauftragte« sechs Kisten Bier und notierte das auf der »Rechnung« des Täuflings. Auf diese Weise kam zu Hitze, körperlichem Ekel und Verschandelung der äußeren Erscheinung auch noch die Befürchtung hinzu, die ganze Heuer zu verlieren. Am Ende kniete der Täufling vor Neptun – dargestellt von einem wohlbeleibten Besatzungsmitglied – und seiner Gattin Tetis, deren Fuß der Täufling küssen musste. Das wäre nach all dem ekeligen Zeug nicht weiter schlimm gewesen, hätte auf ihrem Fuß nicht ein leicht angefaulter Fisch geruht *(selbstverständlich übelriechend und grünlich schimmernd in der prallen Sonne des Äquators).* Hatte der Täufling all dies überstanden, bekam er einen neuen Namen von Neptun – und ward als vollwertiges Mitglied aufgenommen in die Gemeinschaft der Seeleute. Puh!

Dieses Finale *(und winziges Relikt aller praktizierten Erniedrigungsrituale)* ist bei den Äquatortaufen für unsereinen als Passagier erhalten geblieben. Die Verleihung eines neptunischen Schwachsinnsnamens wie »Delphimina von Makrelenschlitz« ist die tourismustaugliche Version der Niederwerfung der eigenen Identität vor Neptun. Sehr nett. Sehr kurz. Sehr harmlos. Aber manchmal ist es auch ganz schön, »nur Tourist« zu sein.

Offiziere

Auch wenn man als Landratte glaubt, dass es auf einem Schiff sehr geregelt zugeht, so hat doch jede Reederei ihre eigene Struktur und farbliche Einteilung der Ränge, die für den reibungslosen Ablauf sorgen. Um den interessierten Passagier nicht zu irritieren, hier nur eine grobe Einteilung, die in seinem Feintuning von jeder Reederei anders gehandhabt werden kann:

An oberster Stelle steht – natürlich – der **Kapitän**. Er hat disziplinatorisch das letzte Wort an Bord. Er verfügt über vier Streifen am Ärmel *(manchmal ist einer davon dicker, manchmal hat er zusätzlich eine Schlaufe aufgestickt, manchmal legt er noch einen halben Streifen zu. Wie auch immer: Er hat das meiste Lametta am Tuch und alle anderen Offiziersränge haben entsprechend weniger am Ärmel)*. Der Kapitän leitet das Schiff, ist der Mann, der mit der Reederei in Kontakt steht, und hält seinen Kopf für alles hin, was mit dem Schiff geschieht. Deshalb übernimmt er auch das An- und Ablegen. Er muss sich aber nicht um die Fahrt des Schiffes kümmern, oder gar auf der Brücke Wache schieben. Dafür hat er seine Leute, die ihm berichten.

Der Kapitän kümmert sich im Normalfall um den Brückenbetrieb und die Einhaltung der Routenplanung. Änderungen muss er entscheiden und sie vertreten. Auf Kreuzfahrtschiffen braucht er dafür manchmal sehr viel diplomatisches Geschick, da den Passagieren nicht immer die nötigen Fakten zugänglich gemacht werden können, warum er sich so entschieden hat und nicht anders. Alle seine Gründe wird er niemals offenlegen, da unerfahrene Gäste zum Beispiel bei der Möglichkeit aufziehender Stürme schnell in Panik geraten, weil sie deren Ausmaße nicht einschätzen können – ebenso wenig wie die Ausweichmöglichkeiten des Schiffes bei der Route. Ein erfahrener Kapitän und Nautiker sieht das meist – eben weil er seit Jahr und Tag über die Weltmeere schippert – sehr entspannt.

Generell bespricht sich der Kapitän mit dem Führungspersonal aller Abteilungen und lässt sie ihren Job machen. Im Bedarfsfall kann er natürlich jeden Bereich beeinflussen. Da er gegenüber den Passagieren aber viele repräsentative Pflichten hat, verlässt er sich auf sein Führungspersonal. Das sind für den nautischen Bereich der »Staff-Kapitän« (manchmal ist das der »Leitende 1. Offizier«), für den technischen Bereich der »Chief«, für die Reiseleitung und das Bordprogramm der »Cruise Director« und für Hotel und Restaurant der »Hot.Man«.

So weit der Aufgabenbereich. Aber was macht einen guten Kapitän aus? Ein guter Kapitän bringt es fertig, am Ende einer zweiwöchigen Antarktisreise die gefürchtete Drake-Passage *(siehe dazu »Destinationen«)* bei ruhiger See nicht gemütlich zu durchschippern *(um der Reederei Treibstoff zu sparen)*, sondern sie in einem Parforceritt zu durchqueren, damit sein Schiff einen Tag früher im nächsten Hafen ankommen kann. Das hat für die Crew den unschätzbaren Vorteil, eine Overnight mehr im Hafen verbringen zu können. *(➢ Siehe dazu auch »Crew«)* Und warum macht er das? Weil er es spürt, wenn die Crew eine solche Auszeit braucht.

Den Passagieren erklärt er die aquamarine Stampede damit, dass er auf diese Weise zwischen zwei Tiefdruckzentren hindurchrasen kann – was er sogar durch Satellitenfotos belegen kann. Daran sieht man: Ein guter Kapitän denkt immer mit beiden Gehirnhälften gleichzeitig!

Nautischer Bereich:
Der **Erste Offizier** ist der Vertreter des Kapitäns. Er hat drei, manchmal auch dreieinhalb Streifen. Er ist der Leiter aller nautischen Offiziere.

Ein weiterer wichtiger Bereich, der über Wohl und Wehe einer Reise entscheiden kann, ist die Stabilität des Schiffes, weshalb dem Ersten Offizier die Verteilung des Ballastes und der Ladung untersteht. Je nach Schiffsgröße hat er Brückenwache oder ist wachfrei. Ist er auch noch Staff-Kapitän, so ist er der Verbindungsmann zwischen Kapitän und Mannschaft.

Je nach Größe des Schiffes gibt es zwei bis drei **Zweite Offiziere**. Am Ärmel sind sie zweigestreift und das Rückgrat der Brückenwache. Das bedeutet für jeden zwei mal vier Stunden Wache, in der er vollverantwortlich das Schiff führt – auch im Hafen. Also wenn die gute Lady *(der Seemann liebt sein Schiff, weshalb es für ihn eine »Sie« ist)* festgezurrt am Kai liegt – aber alle wichtigen Aggregate weiterhin laufen müssen. Während des Fahrbetriebes wird der wachhabende Brückenoffizier durch einen Matrosen unterstützt, der den »Ausguck« übernimmt. Der wachhabende Brückenoffizier kann jederzeit Matrosen zur Unterstützung anfordern, auch einen weiteren Offizier – ja sogar den Kapitän. Dabei ist wichtig: Auch wenn der Kapitän oder ein anderer Offizier auf der Brücke anwesend ist, so hat der Wachoffizier stets das volle Kommando. Ausnahme: Der Kapitän löst den Wachoffizier explizit ab und übernimmt selbst das Kommando.

In der wachfreien Zeit haben die Zweiten Offiziere weitere Aufgaben – zum Beispiel

✷ als **Navigationsoffizier** (»Navi«). Der ist für die Seekarten und die Reiseplanung zuständig. Wenn man also bei der Brückenbesichtigung einen Zweigestreiften über eine Seekarte gebeugt sieht, handelt es sich um den »Navi«. Er programmiert und wartet das Brückenequipment, ist zuständig für den Funkverkehr und leitet beim Anlegen entweder achtern oder im Bug das

Manöver. Prinzipiell ist zu sagen, dass dem Radar sowie dem GPS geglaubt wird – die Route und der Kurs aber immer per Hand nachgerechnet und auf der Seekarte eingezeichnet wird. Das gehört zum Aufgabenbereich des »Navi«.

✵ als **Sicherheitsoffizier** (»Safety«). Er hat die Oberaufsicht für alle sicherheitsrelevanten Systeme und Einrichtungen. Er führt auch den Drill durch – also die Instruktion der Passagiere bei der Seenotrettungsübung.

Technischer Bereich:
Der **Chief Engineer** (»Chief«) ist der Herr über die Technik an Bord – von der Kaffeemaschine über die Computer bis zum Antriebsaggregat. Er ist für den ordnungsgemäßen Zustand aller technischen Systeme an Bord verantwortlich. Er hat in der Regel drei Streifen, zu denen ein Zahnrad hinzukommt – als Zeichen des Technikers. Zu seinen Aufgaben zählen auch die Gefahrenabwehr (Schutz vor Piraten) und die Einhaltung von Umweltschutzregeln *(➢ siehe »Umwelt«)*.

Bereich »Reise«:
Der **Cruise Director** (»CD«) kümmert sich um den gesamten Programmablauf der Reise. Und damit gibt er den Rhythmus für das gesamte Schiff vor – auch für die Brücke. Denn schließlich zahlen die Gäste für eine unterhaltsame Fahrt *(mit der Betonung auf »unter-*

haltsam«). Er ist für alle Belange zuständig, die mit Landausflügen und der Gestaltung des Bordlebens zu tun haben – vom Künstlerprogramm am Abend über den Sport an Bord bis zu den Zerstreuungsaktivitäten der Passagiere. Der Cruise Director hat drei Streifen am Ärmel. Wenn es einen Concierge an Bord gibt *(der Mann für die exklusive Vorbereitung individueller Landgänge)* oder eine Hostess *(Gesellschaftsdame und Betreuerin der »Repeater« – das sind die überaus wichtigen »Wiederholungstäter«, mehr dazu unter »Repeater«)*, so unterstehen sie ebenfalls dem CD.

Bereich Hotel:
Der **Hotelmanager** (»Hot.Man«) leitet auf einem Passagierschiff meist den größten Bereich, da er von den Kabinen über die Rezeption und die Restaurants bis hin zur Küche und dem Einkauf den gesamten gastronomischen Bereich managt. Er hat in einem System, wo die Essensaufnahme nach Form und Inhalt von solch zentraler Bedeutung ist wie auf einem Kreuzfahrtschiff, eine große Verantwortung. Auf manchen Kreuzfahrtschiffen hat man sogar den Eindruck, dass der Hotelmanager den gleichen Status habe wie der Kapitän. Das ist aber nicht der Fall. Der Kapitän ist der Chef. *(Obwohl die meisten Gäste nicht wegen des Kapitäns an Bord kommen, sondern wegen des attraktiven Hotels, zu dem der Hot.Man das Schiff macht – sagt der Hot.Man. Womit er nicht ganz unrecht hat. Dennoch gilt: Der Captain ist der Boss. Punkt.)*

Der **Maitre d' Hotel** (»Maitre D'«) ist der Herr über die Tische in den Restaurants. Gibt es eine feste Tischordnung, entscheidet er, wer wo sitzt, neben wem und wem nicht. Das hört sich an, als ob er ein wichtiger Mann wäre. Ist er auch. In den Augen vieler Passagiere. Denn wenn es auf dem Schiff feste Tische in den Restaurants gibt, dann führt kein Weg an ihm vorbei. Er ist auch oft Retter in der Not. Dann nämlich, wenn einem ein anderer Mitpassagier *(➢ siehe auch »Mitesser«)* auf den Schiffszwieback geht und man am liebsten den Tisch fliehen möchte. Tun Sie's nicht. Fragen Sie einfach den Maitre nach einem anderen Platz.

Auch die Rezeptionistinnen (»Rezis«) sind dem Hot.-Man unterstellt. Sie sind Spezialistinnen in Sachen Gleichmut, Höflichkeit, Ausdauer und schnellem Arbeiten. Denn sie sind direkt an der Front – und müssen dem Gast Rede und Antwort stehen. Und der will alles, was ihn interessiert, erstens sofort, zweitens sofort und drittens sofort. Und WAS will er? Seine Probleme abladen: Von Fragen zur Uhrzeit über Abrechnungsunstimmigkeiten und Informationen zu Landausflügen bis zu Problemen mit den Pässen. Am Rezeptionstresen werden Diplomaten ausgebildet mit dem Charme einer Asiatischen Airline-Stewardess und dem Wissen eines Schiffslexikons. Wer diesen Job exzellent macht, ist Gold wert: für die Stimmung an Bord und die anderen Abteilungen des Schiffs – und damit für die Reederei.

Achtung! Der Bundesgleichstellungsbeauftragte gibt bekannt: Obwohl hier oftmals die Aufgaben so beschrieben werden, als ob es sich damit automatisch um einen »ER« handeln würde, ist die Wirklichkeit gaaaanz anders. Die Seefahrt ist zwar immer noch schwerpunktmäßig eine Männerdomäne, doch machen viele Frauen diesen Job nicht zwingend besser, aber immer charmanter und manchmal auch sympathischer. Sorry verehrte Geschlechtsgenossen, aber das muss auch mal gesagt werden dürfen!

Packen

Als Laotse sprach: »Auch eine Reise von 1000 Meilen beginnt mit dem ersten Schritt«, formulierte er etwas unscharf. Denn erstens beginnt sie bereits mit dem Besuch im Reisebüro *(➢ siehe »Nachts«)*. Und zweitens kommt vor dem Reiseantritt das Packen. Und da kann man eine Menge falsch machen. Häufigster Fehler: zu viel mitzunehmen! Womit sich die Frage stellt: Was MUSS dabei sein?

Variante A – bei der klassischen Kreuzfahrt *(➢ siehe »Große Schiffe«)*: Am meisten Platz nehmen die festlichen Gewänder weg. Wie viele braucht man also davon? Bei einer zwei- bis dreiwöchigen klassischen Kreuzfahrt gibt's zu Beginn den Kapitänsempfang samt Welcome-Show, die Mittelgala und am Ende die Farewell-Show. Macht drei Abende mit förmlicher Kleidung. Sollten Sie über Weihnachten an Bord sein, fällt die Mittelgala weg und stattdessen gibt's den Weihnachtsabend und zusätzlich die Silvestergala. Macht vier.

Ansonsten gepflegte Freizeitkleidung. Und drei Paar Schuhe: Sommerlich-luftige, bequeme Laufschuhe und Abendschuhe. Letztere sind immer schwarz.

Variante B – auf AIDA-Schiffen ist allzeit gepflegte Freizeitkleidung angesagt. Wer's trotzdem gern festlich hat, kann's natürlich mitnehmen.

In allen Fällen gilt: Tage an Bord zählen, Outfits zurechtlegen und einpacken. Dann ein Drittel wieder rausnehmen und zurück in den Schrank hängen. Das ist nämlich der überflüssige Teil. Warum? Es gibt auf jedem Schiff Wäschereien, die hervorragende Arbeit leisten! *(Übergepäck ist außerdem teurer als die paar Euro für die Wäscherei.)* Weiterer Vorteil: Gewicht und Platz sparen für den Rückweg. Stichwort: »Souvenirs«.

Außerdem Sonnencremes mit hohem Lichtschutzfaktor *(das Meer sorgt für Einbrennlackierungen)* sowie Toilettenartikel und Medikamente *(aber das ist ja selbstverständlich)*.

Was sollte noch dabei sein? Hier 13 ungewöhnliche, aber sehr sinnvolle Dinge für Kreuzfahrten:

✵ Breites Klebeband. Ganz wichtig, um die Schlitze der Klimaanlagen in den Kabinen ab- oder gleich ganz zuzukleben. Allerdings nur transparentes Band verwenden! Damit es die »Kabinenfee« nicht sofort sieht. *(Kabinenfee? –* *➢ siehe: »Crew«)* Das Abkleben wird nämlich nicht so gern gesehen, weil es auf dem Deck den Druck des Luftzuges in der Klimaanlage verändern kann – wenn es zu viele machen. Werden in allen Kabinen auf einem Gang die Lüftungsschlitze verklebt, in der letzten Kabine aber nicht, dann fliegt diesem Gast beim Betreten seiner Kabine das Toupet vom Kopf. Auch wenn er keins hat. Deshalb wird diese Selbsthilfemaßnahme vom »Chief« nicht so gerne gesehen. *(Sie verstehen.)*

Mit breitem Klebeband kann man aber auch den Koffer vor der Rückreise sicherheitsfördernd verkleben, bei aufziehendem Sturm Schranktüren fixieren – und, und, und. Breites Klebeband gehört in jeden Schiffsreisekoffer!

✵ Wer eine Balkonkabine gebucht hat, sollte unbedingt ein Gummiband mitnehmen, mit dem er die offene Tür fixieren kann. Dann rauscht des Nachts das Meer, eine frische Abendbrise durchweht die Kabine und es wird »eine geruhsame Nacht« *(Ulrich Wickert)*. Man kann auf ihm aber auch Badesachen auf dem Balkon trocknen lassen. *(Nicht auf Ulrich Wickert, sondern auf dem Gummiband.)*

✵ Deshalb gehören auch ein paar Wäscheklammern ins Gepäck. Damit sorgt man dafür, dass Vorhänge am Fenster geschlossen bleiben *(für Langschläfer ganz wichtig und auf Nordlandreisen unentbehrlich – ➢ siehe auch »Kabine«)*, und kann außerdem Sachen, die man auf die Balkonstühle legt, gegen den Fahrtwind fixieren. Und sie dienen zum Beschweren des Duschvorhangs – damit er einem beim Duschen nicht ständig an den Beinen klebt.

✵ Transparenter »Over the door shoe organizer« für die Badezimmertür. Bei Amazon.com für 15 US-Dollar zu bestellen. Platzieren Sie dieses Teil auf die Innenseite der Tür und Sie haben damit jede Menge Organisationsplatz im Bad. Und vor allen Dingen: Sie sehen, was in den transparenten Fächern drin ist. Da findet sogar Ihr Mann, was er sucht.

✵ Flachmann. Schon aus gesundheitlichen Gründen zur inneren Desinfektion unabdingbar. Wer weiß, welche unbekannten Keime in fremden Ländern in der Luft lauern. Dagegen muss man gewappnet sein! Mit seinem Lieblingswhiskey am Mann.

Auf manchen Schiffen *(US-Schiffe gehören NICHT dazu)* gibt's übrigens einen Superservice: An manchen Seetagen bieten sie die Möglichkeit, Hochprozentiges zu Super-Super-Duty-free-Preisen einzukaufen. Den Flachmann freut's. Und den Träger auch.

✵ Ohrstöpsel. Hört sich komisch an, macht aber Sinn – vor allem für die morgendliche Stille. Erwischt man nämlich eine Kabine, die sehr weit bugwärts liegt, kann einen das Rasseln der Ankerkette, die meist in den sehr (!) frühen Morgenstunden losgelassen wird, aus süßen Träumen reißen. Fällt nicht der Anker, um auf Reede zu liegen, wird das Bugstrahlruder zum Anlegen im Hafen betätigt. Die Wirkung ist dieselbe. Ungeschützt steht man mit einem Schlag senkrecht im Bett. Ohrstöpsel können dieses Schockwecken auditiv abfedern. Außerdem nehmen sie weniger Platz im Koffer weg als dieser Absatz im Text.

- Kopien von Pass, Führerschein, Kreditkarte, Flugticket und allen anderen wichtigen Dokumenten. *(Nach der Ankunft ab damit in den Safe.)*

- Pflaster – für Blasen *(nach langen Stadtausflügen)* und gegen vorlaute Zeitgenossen, als Geräuschbremse von Schranktüren und wo immer es sonst noch sinnvoll eingesetzt werden kann.

- Verlängerungsschnur und / oder Verteiler. Es gibt meist nicht genügend Steckdosen in der Kabine für die Ladegeräte von Handy, iPod, Kameraakkus, CD-Player und was wir sonst noch an Zivilisationsgeräten mit uns rumschleppen.

- Kleine mobile Kofferwaage – erspart die Übergepäckkosten beim Rückflug.

- Hut / Kappe / Mütze, die »drauf« bleibt, wenn es stürmt – und bei Sonne rundum Schatten spendet. Auch unerlässlich für »bad hair days«.

- Tiger Balm. Falls man irgendwo Zug abbekommen hat und nicht wie ein Invalider durch die Gegend schleichen will. *(Klimaanlagen sind nicht nur überall auf der Welt zu finden, sondern auch unberechenbar.)*

Wer's beim Packen lieber flach hat: Rheumapflaster mitnehmen. (Wer sich dafür zu jung fühlt, ist an der falschen Stelle eitel: Im Bett ein Rheumapflaster zu tragen, macht einen deutlich weniger greisenhaften Eindruck, als sich vornübergebeugt an der Wand entlangtastend durch die Flure zu schleppen. Von einem solchen Auftritt im Restaurant ganz zu schweigen!)

✵ Ihr persönliches Anti-Kater-Mittel. Jeder schwört auf etwas anderes. Was auch immer das ist. Es gehört auf einer Schiffsreise unbedingt ins Gepäck.

Und hier die finale Faustregel zum Thema »Packen«: Packen Sie nur halb so viel Klamotten ein, wie Sie geplant haben – und dafür doppelt so viel Geld. Das macht frei!

Zum Schluss dieses Kapitels sei daran erinnert, dass leider auch eine sechsmonatige Weltreise eines Tages endet. Und wenn Sie dann wieder zusammenpacken, denken Sie dabei an dieses Ehepaar:

SIE war bestens organisiert und packte für sich und ihren Göttergatten die Koffer, weil Männer das anscheinend nicht können. Es zumindest vorgeben, indem sie sich hilflos stellen oder gleich zu Anfang des gemeinsamen Reisens alles so wirr zusammenpacken, dass SIE danach zwei Wochen Bügelpensum zu bewältigen hat. Wie auch immer: SIE packte also beide Koffer. Ordentlich und bügelfrei, während ER sich an einer der Bordbars noch ein Bierchen genehmigte. SIE dachte – natürlich – auch an die Kleidung für den Abreisetag und hängte seine Sachen auf einen Bügel ins Bad an die Tür. Gepackt, getan. Anschließend gesellte sie sich zu ihrem Mann an die Bar.

Es kam, wie es kommen musste. In der Nacht schlief sie schnell ein. Er hingegen ging noch mal auf die Toilette – und sieht die Sachen auf dem Kleiderbügel. Nun haben ja Männer grundsätzlich den besseren Überblick und raufen sich manchmal die Haare, warum sie aber auch immer alles selber machen müssen. Warum kann seine Frau denn beim Packen nicht mal ins Bad schauen, ob da nicht noch Kleidung hängt? Also »rettete« ER wieder mal die Situation und packte diese Kleidungsstücke mit denen, die er am Abend getragen hatte, noch schnell in seinen Koffer, stellte beide Koffer wie erwünscht auf den Gang, damit sie in der Nacht vom Schiffspersonal abgeholt und am Morgen auf den Pier gebracht werden konnten – und legte sich zur Ruhe.

Nach der morgendlichen Dusche.

Er: »Schatz, wo sind meine Sachen für die Heimreise?«

Sie: »Die hängen hinter der Türe!«

Er: »Nee, da hängt nichts …«

Und so musste die ganze Koffersammelmaschinerie gestoppt, am Pier SEIN Koffer aus ca. 600 Koffern aller Abreisenden herausgesucht und in die Kabine zurückgebracht werden.

Natürlich passiert so was nicht geräuschlos. Nein, DAS kriegten alle mit – von den Koffer verladenden Philippinern über den Purser bis zu den Gästen am Frühstückstisch, die sich fragten, wo der Mitesser von Kabine XY denn nur blieb. Und der? Der saß mit einem Badehandtuch um die fülligen Lenden gewickelt kleinlaut auf dem Bettrand und stellte sich seine Abreise im schiffseigenen Bademantel vor.

Doch weil Frauen nicht nur besser Koffer packen können, sondern auch exzellente Katastrophenmanager sind, musste ER seine Heimreise nicht als »zweibeiniger Kulturbeutel« antreten, sondern in ortsüblicher Kleidung! Und was lernen wir daraus? Genau! Der Gemahlin nicht ins Packwerk pfuschen.

Passagiere

Der Passagier ist von Natur aus ein friedliches, sympathisches Wesen, das so aussieht wie du und ich. Er blickt gerne staunend in die Welt und nimmt erfreut Neues in sich auf. Damit ist nicht Essen gemeint, sondern die vielen neuen Eindrücke, die eine solche Reise auf die Netzhaut werfen. Natürlich entstehen hierbei auch Fragen.

Hier eine kleine Auswahl, die – jetzt gelesen und beantwortet – an Bord nicht mehr gestellt werden müssen. Das hat seinen Vorteil für den Auftritt als Reisender in Sachen Kreuzfahrt, wie Sie gleich sehen werden.

Auch wenn das Reizklima der See bisweilen verblüffende Blüten in den Gehirnen mancher Reisenden entfaltet, so sind allen Vermutungen zum Trotz die Deckstewards nur für das zuständig, was mit dem Schiffs-DECK zu tun hat – zum Beispiel auf sehr großen Pötten für die Ausgabe von Handtüchern zum Sonnenbaden.

Eine alleinreisende Dame, die sich zum ersten Mal eine Kreuzfahrt gegönnt hatte, wollte nach den Beobachtungen des unbeteiligten Chronisten mit dem gut gebauten Steward an Deck anbandeln und fragte in ihrem rheinischen Idiom: »Hören Se mal, mein Lieber, datt Schiffken is ja janz doll, aber hier oben zieht et janz fürschterlisch. Können Se nisch mal den Venntelator da oben ausmachen?« Und dann zeigte sie mit ihren knallrot lackierten Fingernägeln in vollem Ernst auf die sich drehende Radarantenne.

Jeder Mensch hat das Recht auf freie Meinungsäußerung. Keine Frage. Sollte ihm allerdings folgende Frage auf der Zunge liegen, so sollte er sie einfach runterschlucken. Sie lautet: »Könnte ich bitte eine Kabine mit einem Bett in Fahrtrichtung bekommen? Mir wird nämlich schon immer schlecht, wenn ich beim Zugfahren mit dem Rücken in Fahrtrichtung sitzen muss!«

Eine gewisse Sensibilität und Kenntnis der körpereigenen Prozesse zeugt von Verantwortungsbewusstsein und selbstständigem Handeln in medizinischen Fragen. Allerdings gehört dazu auch das Wissen, dass man im Dunkeln nur mit äußerster Konzentration und sehr viel Übung feststellen kann, in welche Richtung ein Schiff bei ruhiger See fährt. Sollte es bei bewegter See anders sein, so kann man getrost davon ausgehen, dass aufkommende Übelkeit nicht mit der falschen Bettpositionierung zu tun hat, sondern mit dem ungewohnten Auf und Ab des Schiffsrumpfes. Deshalb bucht der kundige Seefahrer am liebsten im untersten Deck seine Kabine. Und dort am ehesten in der Mitte des Schiffes. Und warum? Weil dort das Drehmoment am geringsten ist, wodurch das Gleichgewichtsorgan am wenigsten irritiert wird. Und genau diese Ruhe verschont ihn oftmals vor Übelkeit. Nicht die Fahrtrichtung. *(➢ Siehe dazu auch »Kabine«)*

Der männliche Passagier legt gerne technische Wissbegier an den Tag, die bei Brückenführungen – so sie der Kapitän anbietet – ausgiebig gestillt wird. Allerdings werden dabei manchmal Fragen gestellt wie diese: »Generiert das Schiff eigentlich seine eigene Elektrizität?« Nun könnte man schnippisch was vom »Überseekabel« murmeln, das jedes Schiff zur Stromversorgung selbstverständlich immer hinter sich herziehe. Doch ist das nicht nur unfair, sondern den Passagieren gegenüber auch unfein. Und kein Kapitän, der ja immerhin der Gastgeber aller Passagiere ist, würde sich derartig im

Ton vergreifen. Nein, er würde – natürlich – auf die vielen sich drehenden Motoren verweisen, mit denen das Schiff seinen eigenen Strom erzeugt, damit es nachts nicht nur IM Schiff hell ist, sondern auch draußen. Und wer zum Beispiel in den chilenischen Fjorden einmal erlebt hat, wie in sternenklarer Nacht die gesamte Beleuchtung des Schiffes gelöscht wird, um den Passagieren zu ermöglichen, den südlichen Sternenhimmel bei völliger Dunkelheit zu betrachten *(und vielleicht auch noch der Vorwärtsantrieb des Pottes abgestellt wird, damit sich das Schiff einmal auf dem Teller dreht und allen Passagieren der Sternenhimmel ohne »Light-Pollution« gezeigt werden kann)*, weiß, wie viel Licht ein Kreuzfahrtschiff verströmen kann – wenn danach das Licht wieder eingeschaltet wird.

Besonders listige *(natürlich männliche)* Reisende stellen auch gerne eine Frage, die verdeutlichen soll, dass ihr Interesse für das Schiff auch das kleinste Detail durchdringt. Sie lautet: »Ist das Wasser in den Toiletten Süß- oder Salzwasser?«

Nun, hier heißt es für den Befragten tief durchzuatmen und sich zu vergegenwärtigen, dass die Pools an Bord ja tatsächlich mit Salzwasser gefüllt werden. Erstens ist das gratis und zweitens in der unmittelbaren Umgebung des Schiffes reichhaltig vorhanden. Drittens muss es nicht aufbereitet werden, sondern nur hochgepumpt, und viertens kann man so dem badenden Passagier die Illusion ermöglichen, im Meer zu baden.

Was nun das Toilettenwasser betrifft, darf man davon ausgehen, dass es – wie das Wasser zum Waschen der Passagiere – aus der Salzwasseraufbereitungsanlage des Schiffes kommt, und zwar als Süßwasser. Es muss also nicht durch eigens verlegte Salzwasserrohre strömen. Denn am Ende landet Wasch- und Toilettenwasser in der bordeigenen Kläranlage und wird dort gereinigt. Das gereinigte Wasser wird wieder dem Meer zugeführt, nachdem es zum morgendlichen Abduschen von Deck, Fenstern und Außenhaut gegen die salzhaltige Luft eingesetzt worden ist. Und die bei der »Klärung« übrig gebliebenen »Feststoffe« werden im nächsten, dafür ausgelegten Hafen entsorgt.

Sagte ich eben, dass Meerwasser in den Pools ist? Genau. Das erkannte eine noch unerfahrene »First Time Cruiserin« durch eine bemerkenswerte Einsicht sofort: »Das erkennt man ja schon an den Wellen im Pool!«

Weitere Fragen gefällig?

✷ *»Ist der Ice Tea heiß?«*

✷ *»Wann gibt's das Mitternachtsbüffet?«*

Als Erklärung für das Entstehen solcher Fragen nimmt der Autor eine Mischung aus totaler Entspannung an, ausgelöst durch das ausgiebige Umsorgtsein durch die Crew, gepaart mit Phänomenen, die sich einstellen, wenn sich erwachsene Menschen in einer Gruppe befinden. Sind sie zuvor nämlich vernunftbegabte Individuen, mutieren sie in der Gruppe zu hilfsbedürftigen Wesen, die die Fähigkeit zu logischem Denken – auf rätselhafte Weise – blitzschnell verlassen hat. Solches Verhalten hat aber nichts mit Schiffsreisen zu tun, sondern mit dem Phänomen der Reisegruppe an sich. Den Autor würde es deshalb interessieren, ob sich solche Prozesse auch in japanischen Reisegruppen abspielen. Also bei Vertretern einer Kultur, die das Leben in Gruppen als Bestandteil ihrer kulturellen Identität verstehen. Sachdienliche Hinweise bitte an:

Kreuzfahrtbuch@amadeus-ag.ch

Philippiner

Die Einwohner des fünftgrößten Inselstaates der Welt sind auf den meisten Kreuzfahrtschiffen dieser Welt in großer Menge als Crewmitglieder unterwegs. Warum? Weil sie besonders gut schwimmen können? Oder weil sie als Volk, das auf 7107 Inseln lebt, dem Wasser besonders zugetan sind? Der Grund ist wie so oft prosaischer: Sie sind freundlich, zuverlässig – und billig *(in Relation zu dem, was man in Deutschland verdient)*. Und das ist für die meisten Reedereien ein wichtiges Argument.

Aus der Sicht der Philippiner wird ebenfalls ein Schuh draus. Denn wenn man ihre Einnahmen an Bord mit denen vergleicht, die sie in ihrem Heimatland erzielen könnten, so verdienen die Philippiner zur See im Schnitt zehnmal so viel wie zu Hause. Allerdings: inklusive Trinkgeld. Womit klar ist, dass die Kabinenfeen unbedingt auf Ihr Trinkgeld angewiesen sind. *(Und hier sind Sie, liebe Reisenden, gefragt.)* Denn meist ernähren sie auf den Philippinen damit ihre kompletten Großfamilien – von der Oma bis zur Ausbildung der Kinder! Deshalb sind die Jobs auf den Kreuzfahrtschiffen auch bei den Philippinern sehr begehrt.

Kurzum, es haben alle etwas davon: die Philippiner *(weil sie ihre Familien ernähren und ihren Kindern eine Schulausbildung finanzieren können)*, das Schiffsmanagement (weil sie mit ihnen klasse Crewmitglieder haben) und wir Reisenden *(weil ohne sie eine Kreuzfahrt viel zu teuer wäre)*.

Seien Sie also nett zu den kleinen Menschen mit dem umwerfend freundlichen Lächeln. Und wenn Sie sich ihnen gegenüber großzügig erweisen wollen, seien Sie nicht zögerlich, sondern geben Sie reichlich. Nach Ihren *(groß geschrieben)* Verhältnissen. *(Wer das als postkolonialistisches Gehabe betrachtet, sollte sich weniger um seine Ideologie kümmern als pragmatisch um die realen Umstände, in denen andere Menschen leben müssen.)*

Quarantäneflagge

Ein sachkundiger »Sehmann« beobachtete zusammen mit anderen Passagieren an der Reling das Einlaufen in den Hafen, als er am Flaggenmast »seines« Schiffes die gelbe Quarantäneflagge hängen sah. Prompt eilte er los, um epidemische Ideen zu tödlichen Krankheiten an Bord zu verbreiten: »Vergessen Sie alle Landausflüge«, sagte er zu seinen Mitreisenden. »Keiner darf das Schiff verlassen. Wir stehen unter Quarantäne!« Als Beweis zeigte er auf die gelbe Flagge am Mast für »Q« wie »Quebec«.

Nun muss man wissen, dass jegliche Art von Gerücht bei Kreuzfahrten mit großer Inbrunst aufgenommen und weitergetragen wird. Es passiert ja sonst nichts Anstrengendes, da man als Gast ja nach allen Regeln der Kunst gepampert wird. Deshalb fühlen sich einige geradezu unterfordert und gleichen das durch spektakuläre Gerüchtekreationen aus *(➢ siehe dazu »Gerüchte kochen«)*.

Das hatte in diesem Fall zwar eine große Wirkung *(»Wir hatten die Pest an Bord, in den Kesseln da faulte das Wasser …«)*, aber nur wenig Ursache. Denn das Wort »Quarantäne« fängt zwar auch mit »Q« an wie die gleichnamige Flagge, doch hängt die immer dann am Mast eines Kreuzfahrtschiffes, um anzuzeigen, dass die Hafenbehörden das Schiff für den Landgang noch nicht freigegeben haben – zum Beispiel, weil sie erst noch die Passkontrollen durchführen müssen. Ist das geschehen, verschwindet die gelbe Flagge aus dem Flaggenalphabet für »Q« wieder vom Mast. Und jeder darf an Land.

Da fällt mir ein, was mir eine ehemalige Lehrerin und Witwe eines Hochseekapitäns bei der Einfahrt in den Hafen von Havanna mit auf den Weg gab: »Die Flagge weht am Flaggenstock, die Fahne aus dem Mund.«

Das nur, falls Sie sich den Unterschied zwischen »Flagge« und »Fahne« nicht merken können. Ich hab's mir seitdem hinter die Ohren geschrieben.

Quiz

Haben Sie Lust auf ein kleines Quiz? Okay. Die Frage lautet:

»Was ist ein Kreuzfahrer?«

a) Ein Ritter, der auf dem Weg ins Heilige Land ist, um dort seinen Glauben Andersgläubigen mithilfe seines Schwertes ins Hirn zu hämmern.
b) Ein Schiff, das Kreuzritter ins Heilige Land bringt, die dort die Ziele des Kreuzzugs verfolgen.
c) Teilnehmer einer Kreuzfahrt, die auf einem Luxusdampfer durch die Meere kreuzen.

Was ist richtig? Sie haben 20 Sekunden Zeit.

Antwort: Alle drei. Denn im Deutschen wird – etwas trennschwach – zwischen allen dreien kein Unterschied gemacht. Alle sind Kreuzfahrer!

Im amerikanischen Sprachgebrauch geht es etwas präziser zu: Da ist ein Kreuzfahrer auf dem Kreuzzug ein »Crusader«. Und ein Kreuzfahrer auf einem Luxusdampfer ist ein »Cruiser«.

Um üblen Missverständnissen vorzubeugen, sollten wir im Deutschen auch etwas präziser sein. Finden Sie nicht auch? Machen Sie Vorschläge, wie man uns Kreuzfahrtabhängige nennen soll. Unter:

Kreuzfahrtbuch@amadeus-ag.ch

Ich werde Ihren Vorschlag gerne in die nächste Auflage übernehmen.

Reiseleiter

Wenn hier vom Beruf des Reiseleiters die Rede ist, dann ist damit nicht ein ehrwürdiger Herr gemeint, der durch ein Schloss führt oder in gelangweiltem Ton eine Gemäldegalerie, Skulpturenausstellungen oder andere sogenannte »Sehenswürdigkeiten« dem angestrengt lauschenden Publikum nahebringt.

Nein, der Reiseleiter, von dem hier die Rede ist, führt eine Gruppe an, die ihn – wie der Chinese sagt – als »Schlüssel zur Pforte der freudigen Erwartung« betrachtet. Durch ihn will man eine fremdländische Region oder folkloristische Sitte kennenlernen. Schließlich hat man sich unter Aufbietung nicht geringer finanzieller Mittel an diesen exotischen Ort begeben und will nun – authentischst bitte schön – das erleben, was man aus dem Documentary-, History- oder Wer-weiß-was?-Channel kennt. Diese ohnehin schon hohen Erwartungen sind im Vorfeld der Landausflüge an Bord noch mal farbenfroh hochgejazzt worden, weil dieser Ausflug nicht zum Standardprogramm gehörte, sondern gekauft werden musste. So, und nun steht er da – der Reiseleiter. Und muss halten, was andere versprachen. Wie? Das soll ein Beispiel verdeutlichen.

Bei einer Südseereise lautete die Überschrift eines Landgangs »Besuch der Hochzeitsinsel in der Lagune von Aitutaki«. Wenn man das hört, taucht doch gleich Marlon Brando auf der inneren Kinoleinwand auf, wie er mit freiem Oberkörper und einem duftenden Blumenkranz um die kleiderschrankbreiten Schultern vor einer türkisblauen Lagune steht und unter dunkelblauem Himmel eine schlanke Insulanerin im Baströckchen in den Armen hält, während ihre Freundinnen – ebenfalls im Baströckchen – ein freundliches Hula-Hula auf der Ukulele zupfen. Das Ganze in Kodak Color, versteht sich.

So weit die Erwartung.

Nun ist in der bodenverhafteten Wirklichkeit aber gerade in 200 Kilometer Entfernung zu Aitutaki ein Hurrikan durch die Südsee gebraust, der die Unart hat, von der Meeresoberfläche sehr viel Wasser aufzuwirbeln und in die Atmosphäre zu blasen, was sich in einer 8/8-Wolkendecke ausdrückt, die die schädigende UV-Wirkung des Sonnenlichtes zwar deutlich mindert, aber auch die Kodak Color-Superbreitwand-Herrlichkeit in milchig-nebulöses Rundum-Hellgrau verwandelt. Auch wenn es 28 Grad warm ist, bleibt es also trotzdem trübe. Die bastberockten Hula-Hula-Mädels haben sich überdies seit ihrer Begegnung mit Marlon Brando in den Sechzigerjahren in zweiter Generation in stoffwechselgestörte, beleibte Insulanerinnen verwandelt, die mit leicht genervten Mienen nicht den »Weißen Mann« in hollywoodgestählter Virilität anstaunen, sondern heute schon drei Boote mit übergewichtigen Touristen aus Kansas und Ohio bespielen mussten und nun vor der Schiffsladung Nummer vier stehen. All das natürlich gegen eine deutlich geringere Gage als zu Hollywoods Zeiten, was sich unmissverständlich in ihren Gesichtern widerspiegelt.

Angesichts dieser bodenschweren Wirklichkeit muss sich der reiseleitende »Ersatz-Brando« – sein Trinkgeld am Ende der Tour fest im Blick – einiges einfallen lassen, um ein vergleichbares Südsee-Prickeln bei seinen Gruppenmitgliedern auszulösen. Sie verstehen, was ich meine. Denn das Reiseleiten im Kampf gegen medial erzeugte Bilder im Kopf ist in dem Maße immer schwieriger geworden, in dem die Bilderwelten in TV und Kino immer raffinierter und farbenfroher geworden sind. Haben Sie also Mitgefühl mit den Vertretern dieser Zunft, auch wenn sie nicht so clever sind wie folgende Reiseleiterin: Sie kam aus der Schweiz, war von Beruf archäologische Restauratorin – und machte einen sehr damenhaften Eindruck. Sie stellte sich mit dem Satz vor: »Mein Name ist Heidi und ich komme aus der Schweiz!« *(Erster Lacher mit leicht teutonisch-höhnischem Unterton)* »Und damit nicht genug. Mein Mann heißt auch noch Peter!« *(Zweiter Lacher – allerdings mit deutlich hörbarem Sympathiezuwachs für dieses humorvolle Understatement einer offensichtlich so gar nicht Alm-Öhi-haften Lady)*

Reiseversicherung

Der »Local of the Caribbean« lebt von Amerikanern. Also nicht, indem er sie isst, sondern ihnen aus der Hand frisst. Sollte ihn das manchmal in seinem Stolz verletzen, dreht er sich ein Tütchen und inhaliert die würzige Luft mit glasigem Blick, bis ihm der Stolz wurscht ist. Fortgeschrittenere setzen zur direkten Rache durch Geldverdienen an und bieten dem vergnügungssüchtigen Reisenden Zerstreuungen der ortsüblichen Art an. Zum Beispiel das karibische Fahrgeschäft einer »Banane«. Das ist keine nahrhafte Südfrucht, sondern ein prall aufgeblasener gelber Gummischlauch in Bananengestalt, der durch ein möglichst starkes Motorboot über die Wellen gezogen wird. Der »Spaß« besteht darin, sich auf der bockenden und rockenden Gummiwurst zu halten, bis man nach einem mehr oder minder langen Flug durch karibische Lüfte die Oberfläche der türkisblauen Wasserwelt durchdringt – und baden geht.

So saßen auf einer solchen Banane acht rittwillige US-Bürger unterschiedlichen Alters und ließen sich mit hohem Tempo über die Wellen der Karibik ziehen, bis sie allesamt mit lautem Kreischen im hohen Bogen durch die Luft flogen und dort landeten, wo sie hinwollten. Noch während sie sich prustend und lachend aus dem warmen Wasser der Lagune zurück auf die Wurst quälten, rief eine der baden gegangenen älteren Damen einen Text, den niemand verstand. Als alle wieder auf der Gummiwurst saßen, fragte sie den Motorboot fahrenden Insulaner leicht nuschelnd: »Was machen wir, wenn wir was verloren haben?«

Darauf er: »Warum? Was haben Sie denn verloren?«

Ohne ein weiteres Wort zeigte sie ein breites, komplett zahnloses Grinsen und wies mit dem Finger hilflos auf das türkisblau schimmernde Wasser.

Seine Zähne zu verlieren ist ja ohnehin schon schlimm genug. Wenn das aber bereits am zweiten Tag der Kreuzfahrt passiert, muss man schon sehr viel positive Weltsicht mitbringen, um die Kreuzfahrt für sich zur Diätreise umzudeklarieren.

Und was soll man daraus lernen? Ersatzzähne auf Kreuzfahrten mitnehmen? Häufiger die Zähne zusammenbeißen – besonders beim Ritt über die Höhen und Tiefen aquamariner Lustbarkeiten? Oder nicht auf Bananen reiten?

Ich weiß es nicht. Es scheint auf jeden Fall ein gutes Argument zu sein, vor Reiseantritt eine Reiseversicherung abzuschließen. Denn die sollten Sie auf jeden Fall und immer für eine Kreuzfahrt unterzeichnen. Das ist kein Rat, sondern eine dringende Empfehlung. Zum Beispiel für oben erwähnte Fälle. Oder weil das Gepäck nicht rechtzeitig eintrifft *(➢ siehe »Homeporting)*, Sie das Schiff verpassen (➢ *siehe »Einschiffung«*) oder die Reise canceln müssen. Denn wie lehrte uns der verehrte Loriot: »Irgendwas ist immer!« Und genau das soll die Reiseversicherung abdecken.

Also: just do it. Mit Brille fürs Kleingedruckte.

Reling

Die Reling ist ein höchst gefährlicher und dringend zu meidender Ort an Bord eines Schiffes. Hat sie doch ein extrem hohes Suchtpotenzial.

Es gibt Leute, die ihr regelmäßig wiederkehrendes Reisefieber auf zu langes und ungeschütztes Stehen an der bloßen Reling zurückführen.

Bislang ist noch kein wirksames Mittel gefunden worden, das die einmal eingesetzte Infektion in ihrem Verlauf nachhaltig lindert.

Deshalb sollte man vor Betreten eines Schiffes Folgendes wissen:

Wer einmal an der Reling gestanden hat,
auf der rechten Seite niemanden neben sich,
links auch nicht,
die Ellbogen auf dem blank polierten Holz,
vor sich das Meer,
und den Blick auf das Blau gerichtet,

das seine Farbe von Ort zu Ort ändert –
graublau vor Kap Hoorn,
grünblau in der Antarktis,
ockerbraun im Mündungsdelta des Amazonas,
blauviolett in der Karibik,
helltürkis in der Südsee –
mit Millionen gleißender Reflexionen, die im Takte des gleichmäßigen Auf und Ab des Schiffsrumpfes einen Glitzerteppich tanzen.
Hin und wieder durchzuckt von einem pfeilschnell übers Wasser sirrenden, fliegenden Fisch,
während dicht am weißen Bauch des Schiffes Gischtschlieren das Blau marmorieren.
Dabei wohl wissend, dass all das nur die Oberfläche ist, und sich darunter eine bunte Welt voll Staunen machender Vielfalt erstreckt –
wer also all dies geschaut hat,
der weiß, dass er stark gefährdet ist,
diesen Anblick und die damit auftauchenden Gedanken, Gerüche und Gefühle viel öfter haben zu wollen.

Und wenn Sie sich doch besseren Wissens entschieden haben, die Reling nicht zu meiden, dann werden Sie sie als das entdecken, was sie ist – eine Tankstelle für die Seele und ein Quell archaisch-tiefer Bilder, die auch bei dunklem Wetter daheim Kraft und Energie geben.

Repeater

Der Repeater ist der absolute Lieblingsgast auf jedem Kreuzfahrtschiff, kommt er doch regelmäßig wieder auf »sein« Schiff zurück. Daher auch sein Name. (Es kommt vom Englischen »to repeat – wiederholen«.)

Als Wiederholungstäter ist er eine Bank – für die Reederei. Weiß man doch, dass er – weil es ihm gut gefallen hat – mindestens einmal im Jahr auf »seinem« Schiff antritt, um zum Beispiel einen Streckenabschnitt der Weltreise mitzumachen. Oder seine Lieblingsstrecke zu wiederholen. Oder sich mit »seinem« Schiff in neue Regionen vorzuwagen. Oder weil der Lieblingskellner so freundlich ist. Oder. Oder. Oder. Gründe gibt es viele.

Es gibt auch Repeater, die jedes Jahr die komplette Weltreise fahren. Das sind die Super-Repeater und die geheimen Chefs an Bord. Denn wer jedes Jahr einen fünfstelligen Betrag bei der Reederei abliefert – manche sogar einen sechsstelligen *(je nach Schiff)* –, weiß, dass für die Sicherstellung seines Wohlbefindens einiges unternommen wird. Soll heißen: Die Erfüllung seiner Wünsche wird in die Wege geleitet. Pass(ag)iere was wolle!

Nun gehen Menschen mit solcher Macht unterschiedlich um. Einige nörgeln an allem und jedem herum, werden dadurch nervig und verspielen ihre besondere Position *(➢ siehe »Jammern«)*. Andere setzen ihre besondere Stellung nur ein, wenn es ihnen wirklich wichtig ist. Und wieder andere sind sogar ausgesprochen liebenswert mit ihren kleinen Macken, auf die dann auch gerne liebevoll Rücksicht genommen wird. Von diesen soll hier die Rede sein.

So trat ein älteres Ehepaar Jahr für Jahr auf »ihrem« Kreuzfahrtschiff der Luxusklasse an und buchte grundsätzlich zwei Kabinen. Nicht weil der Herr Gemahl geschnarcht und sie auf getrennten Schlafzimmern bestanden hätte. Das wäre zu normal. Nein, die beiden brauchten die eine Kabine für sich und die andere – für ihre Garderobe. Vielleicht wäre der Begriff »Kostüme« richtiger. Denn in der Dame dieses liebenswerten Ehepaares steckte eine verkappte Modeschöpferin. Was immer ihr bei den Landausflügen an Inspirationen ins Auge fiel, wurde gekauft und zu einem Kostüm verarbeitet. Nicht nur für sich selbst – auch für den Gemahl. Und genauso erschienen sie dann zu Tisch – im Partnerlook eines Fantasieoutfits à la Marrakesch, als Maharadscha und Maharani oder als wandelnde Spielkarten Pik-Bube und Herz-Dame. Damit nicht genug. Die Gemahlin bestand auch noch darauf, dass ihre beiden kindshohen Stoffpinguine im Restaurant mit an ihrem Vierertisch sitzen mussten und wie reguläre Gäste bedient wurden. Gang für Gang, die sie zuvor für die beiden liebevoll ausgewählt hatte. Und so hatte das Schiff, auf dem sie zu reisen pflegten *(und dessen Namen wir hier nicht erwähnen wollen)*, mit ihnen seinen ganz privaten kleinen und liebevollen Zirkus an Bord.

Manche Repeaterin nutzt ihre Schiffsreisen aber auch als Heiratsmarkt. Nein, nicht für sich oder so wie das »Traumschiff« es darstellt – mit Heiratsschwindlern und halbseidenen Damen, die nach der menschlichen Spezialbehandlung von Beatrice geläutert sind. So nicht. Auf richtigen Kreuzfahrtschiffen geht's knackiger zur Sache. So wurde eine junge attraktive Dame, als einmal ihr Mann nicht in der Nähe weilte, von einer lebensfrohen Endsiebzigerin gefragt, ob sie nicht ihren Sohn heiraten wolle. Der sei zwar nicht schön, aber sehr reich. Und außerdem könne sie – die Repeaterin – fürderhin mit ihrer so gewonnenen neuen Schwiegertochter immer diese schönen Kreuzfahrten machen. Sprach's und besiegelte ihr Angebot mit einem spektakulären Schluck aus der Champagnerflasche.

Eine andere Mutter suchte erst gar nicht an Bord nach einer bestimmten Frau für ihren Sohn, sondern streute wahllos, dass die Heiratsbereite eine satte Million einstreichen würde, nähme sie ihn bloß zum Mann. Bei näherer Betrachtung des »Bräutigams« musste man allerdings heftig schlucken. Nicht dass er besonders grauslig aussah. Keineswegs. Nur sein Verhalten war gewöhnungsbedürftig. Er hielt sich meist in der »Deckung« anderer Personen auf, schlich an Land im Schatten von Bäumen einher oder versteckte sich hinter Ladenregalen. Dabei warf er Peter-Lorre-hafte Blicke über seine Schulter, als ob ihm jemand folgte, und sammelte an Bord sämtliche Dekorationsgegenstände ein, die ihm gefielen, um sie unter seinem Bett in der Kabine zu bunkern. Er war entgegen seines Benehmens aber keineswegs gefährlich. Nein, was er unter dem Bett bunkerte, blieb dort liegen und wurde nach der Abreise jedes Mal wieder dem schiffseigenen Dekorationsfundus zugeführt. Unversehrt und vollzählig.

Wie der psychologiekundige Leser sich vorstellen kann, war nicht der Sohn das Problem, sondern die Mutter. Dies umso mehr, als sie Ärztin war und in zweiter Ehe ihren erst jüngst geheirateten, schwerreichen Ehemann zügig unter die Erde gebracht hatte und nun Herrin über einen dreistelligen Millionenbetrag war. Natürlich gab es reichlich Gerüchte um diese Frau und das Mitgefühl aller war bei ihrem Sohn. Es reichte jedoch nicht dafür, ihn durch eine Eheschließung dieser Mutter zu entreißen, dazu hätte nach Aussage vieler Passagierinnen an der einen Million noch eine Null hängen müssen.

DAS sind die Geschichten, die das Kreuzfahrtleben schreibt. Aber wie mir mein juristischer Berater eingeschärft hat, sei an dieser Stelle zu Protokoll gegeben, dass das natürlich frei erfunden ist und mit lebenden Personen nichts, aber auch gar nichts zu tun hat.

Schiffskoller

Der Schiffskoller – auch »Bord Blues« genannt – ist eine sehr seltene Krankheit. Nicht, dass sie selten auftreten würde. Das nicht. Im Gegenteil. Sie kommt meist sogar mit uhrmacherischer Präzision. Aber sie befällt nur sehr wenige Menschen. Nämlich die verschwindend kleine Population an Zeitgenossen, die als Weltreisende *(manchmal auch »World Cruiser« genannt oder »W.C.« [sprich Dabbelju:Sii])* fünf oder sechs Monate am Stück an Bord eines Kreuzfahrtschiffes verbringen und einmal um die Welt schippern.

Vielen von uns – den Autor eingeschlossen – erscheint das Auftreten des Schiffskollers als eine merkwürdige Reaktion der menschlichen Seele. Doch befasst man sich näher mit ihm, erscheint er einem logisch. Psycho-logisch.

Wie äußert er sich? Zunächst merkt man nichts, dann mit einem Mal *(die Plötzlichkeit ist geradezu typisch)* gehen einem alle Mitreisenden furchtbar auf den Keks *(auch »Schiffszwieback« genannt)*. Die Weite des Meeres lässt das Gefühl der Leere aufkommen. Und selbst strahlendster Sonnenschein macht einen melancholisch, was nur mit heftiger Essensaufnahme bekämpft werden kann. Essensstellen an Land erscheinen einem dabei besonders attraktiv, also Futterplätze, wo einem Mitreisende nicht über den Weg laufen können.

In besonders schweren Fällen hilft selbst diese Maßnahme nichts mehr, und es macht sich Appetitlosigkeit breit mit leichten Anklängen an Perspektivlosigkeit, ja Traurigkeit. Weniger zart besaitete Reisende erleben unvorhersehbare Wutattacken und Unzufriedenheit mit allem, was auf dem Schiff geboten wird. Und beißen sich an Dingen fest, die absolut lächerlich sind.

Die Ursachen für das Auftreten des Schiffskollers bestehen in einer akuten Mischung aus

- *einem Mangel an Individualdistanz*
- *einem Zuviel an Wunscherfüllung und*
- *dem vagen »Mittendrin« zwischen der Ahnung der Endlichkeit dieser Weltreise und dem Gefühl, »es ginge ewig so weiter«.*

Es liegt die Vermutung nahe, dass der Schiffskoller nichts weiter ist als eine besonders starke Form der Orientierungslosigkeit, die sich einstellt, wenn einem *(wie in frühen Kindertagen)* viele *(um nicht zu sagen »fast alle«)* Wünsche von der Nasenspitze abgelesen werden. In den Kindertagen hat man diesen paradiesischen Zustand ertragen können, weil einen die Fantasie in immer großartigere Räume davongetragen hat. Im

Erwachsenenalter zwingt einen die Vernunft immer wieder auf den Boden der Tatsachen. Weil der aber (wie beschrieben) paradiesische Formen annimmt, macht sich eben diese Orientierungslosigkeit breit. Denn einerseits weiß man, dass dieses Paradies endlich ist, andererseits erlebt man es täglich in allen drei Dimensionen und Kodak Color.

Was kann man dagegen tun? Gegen den Schiffskoller, meine ich.

Wer ihn aktiv erst gar nicht aufkommen lassen will, kann den Rat beherzigen, den ein Weltreisender dem Autor auf einer besonders schönen Schiffstour vor den Küsten Vietnams anvertraut hat: Gemeinhin gilt ja: Entweder man hat beim Reisen Geld – oder Zeit. Wer zum Beispiel im Berufsalltag steht, dem mangelt es an Zeit für einen mehrmonatigen Urlaub, weshalb er in den zwei, drei Wochen des Jahres alles auf einmal haben will – und dafür tief in die Tasche greifen muss. Studenten und andere junge Menschen, die sich zum Beispiel in den Semesterferien oder zwischen zwei Jobs befinden, mangelt es dagegen an Geld, nicht aber an Zeit – weshalb sie monatelang mit dem Rucksack durch die Welt ziehen können und mit kleinem Budget tolle Erfahrungen sammeln können. Der Weltreisende nun wiederum hat Zeit UND Geld – und sollte das zu einem dritten Vorteil miteinander verbinden: mit dem Schiff reisen und bleiben, wo es einem gefällt.

Dazu nehme man sich – in der Planungsphase VOR

der Weltreise – die Schiffsroute, schaue sich alle Stopps an und entscheide sich, welche Orte einen am meisten interessieren – und welche nicht. An den Plätzen, die einen sehr interessieren, bleibt man einfach länger, lässt das Schiffchen seines Weges ziehen, steigt danach in einen Flieger und überspringt diejenigen Häfen, die man fad findet. Dann steigt man wieder auf »sein« Schiff, bevölkert seine Kabine und ist quietschfidel und glücklich über die vertraut luxuriöse Umgebung.

Diese Zusatztrips müssen gar nicht mal teuer sein, weil man mit einem »Round-the-World-Ticket«, das in der gleichen Richtung die Welt umrundet wie die Schiffsroute, günstig von A nach B kommen kann. Außerdem sollte man beim verlängerten Landausflug – Kontrast fördernd – in einfachen Hotels wohnen, um dadurch Land und Leute näher kennenzulernen und an Bord den Luxus wieder aus vollen Zügen zu genießen. Ein weiterer Vorteil dieser Schiff-Flieger-Kombi: Die Koffer bleiben an Bord und man reist mit leichtem Gepäck. So kann man mehrere Tage in Angkor Wat verbringen, sich den Ayers Rock in Australien anschauen oder eine Fahrt auf dem Mekong einschieben. Und dann wieder gemütlich mit seinem Dampfer um die Welt zuckeln.

Der höchst angenehme »Nebeneffekt« dieser Strategie: Durch die bei den Landausflügen geforderte Organisationspower verflüchtigt sich der Schiffskoller wie eine Wolke aus Chrysanthemenduft und wandelt sich in genussvolle Vorfreude auf Land und Leute.

Seekrankheit

Wenn wir hier von Seekrankheit reden, dann ist der übliche leichte Seegang gemeint, der zu einer Seereise an Bord eines Schiffes dazugehört. Wir reden also nicht von Windstärken ab neun. Das verlangt selbst alten Seebären einiges ab.

Für das übliche leichte Schaukeln weiß man: Seekrankheit beginnt im Kopf.

Wer es nicht glauben will, kann's ausprobieren – und zwar so: Schauen Sie als Beifahrer beim Autofahren nicht auf die Straße, sondern in ein Buch oder besser noch in eine Zeitung. An der kann man schwerer vorbeilugen. Gut, das Experiment sollte man nicht auf der Autobahn machen, wo das Auto schnurgerade mit gleichbleibender Geschwindigkeit fährt. Nein, in der Stadt muss man's testen, wo der Wagen rechts- und linksrum kurvt, anfährt und stoppt. Immer schön in die Zeitung gucken. Mit den Augen richtig festsaugen in den Zeilen. Na? Leichte Übelkeit? Schweißperlen auf der Stirn?

Kein Wunder, denn über den Fernsinn »Augen« kommt die Information ins Hirn »ruhige weiße Fläche vor dir«. Das Gleichgewichtsorgan im Ohr sendet aber ganz was anderes: Du bewegst dich doch! Nach rechts. Nach links. Nach vorne. Nach hinten. Resultat: Unser

Zentralrechner wird verwirrt und reagiert mit Schwindel und Übelkeit. Das Ganze beschleunigt sich, wenn er das Gefühl der Hilflosigkeit diesem Schwindel gegenüber bekommt. Das ist der kognitive Aspekt – also das, was unser Hirn noch hinzufügt. *(»Alarm! Du hast die Situation nicht im Griff!«)*

Genauso funktioniert auch die Seekrankheit: Zwei verschiedene Sinneseindrücke sind nicht deckungsgleich, verwirren das Hirn. Und das Gefühl, der Situation ausgeliefert zu sein, beschleunigt das Ganze.

Und wie kann man das verhindern? Indem man als Erstes versucht, die beiden Sinneseindrücke wieder in Einklang zu bringen. Also raus aus der Kabine und rauf ans Deck. Horizont sehen. Frische Luft atmen. Bewegung sehen UND spüren.

Wichtiger und nachhaltiger ist das, was uns von unserem Kopf her verkrampfen und die aufkommende Übelkeit sich verstärken lässt: Der Versuch, etwas festzuhalten *(sich)*, was nicht festzuhalten ist *(das Schiff)* – eben weil sich tatsächlich alles bewegt *(korrekterweise nur »das Schiff« – die Welt bleibt so wie sie ist)*.

Ein probates Mittel ist folgendes: Kämpfen Sie nicht gegen den sich bewegenden Untergrund an, sondern stellen Sie sich vor, Sie seien wieder ein kleines Kind. In einer Wiege oder auf einer Schaukel. Da wurden Sie auch auf und ab bewegt und fanden es schön. Sie wollten es nicht abstellen, sondern mehr davon erleben. Immer weiter. »Noch mal!« Nehmen Sie diese Haltung auch jetzt wieder ein, wenn sich das Schiff bewegt, und denken Sie sich: »Ich werde geschaukelt!«

Ich selbst genieße es, abends nach dem Zubettgehen vom Schiff in den Schlaf geschaukelt zu werden. Zu dieser Selbsterfahrung passt das Ergebnis wissenschaftlicher Untersuchungen, die belegen, dass Kinder unter zwei Jahren weitgehend immun gegenüber Seekrankheit sind. Andererseits belegen die Forschungen, dass es Zeitgenossen gibt, bei denen sich, allein durch die Vorstellung, seekrank zu werden, alle Symptome einer Seekrankheit einstellen.

Auch tagsüber sollte man nicht gegen die Bewegung ankämpfen, sondern – wie der weise Chinese empfiehlt – »mit weichen Knien gehen«, also elastisch, nicht starr staksen. Das gibt einem das Gefühl, die eine oder andere Bewegung abzufedern, und lässt das Gefühl der Hilflosigkeit verschwinden.

In dringenderen Fällen hilft auch gerne ein Schnäpschen. Der lockert, macht warm im Bauch und entkrampft. Der Bartender empfiehlt auch mehrere Löffel Angostura in etwas Wasser aufgelöst. Runter damit und – es hilft.

Ebenfalls rein biologisch ist Ingwer. Ob als Tee, kandiert oder in Scheiben – er gibt dem Magen Schärfe, durchblutet ihn und hilft ebenfalls.

Überhaupt ist essen gut. Nicht Unmengen, aber etwas Substanz im Bauch ist immer hilfreich.

Außerdem ist ein Schiffsarzt an Bord. Und der hat immer ein Mittel gegen Seekrankheit dabei.

Akupunkturorientierte empfehlen elastische Armbänder, die eine knubbelartige Verdickung auf der Innenseite haben, die man an den Handgelenken tragen soll – die Knubbel auf der Innenseite platziert. Dort drücken sie – gemäß mitgelieferter Beschreibung – auf einen Akupressurpunkt, der die Übelkeit unterbindet. *(Profipresser drücken gleich den Nei-Kuan-Punkt – auch als P 6 bekannt.)*

Schulmedizinisch Fixierte kleben ein Skopolamin-Pflaster hinter das Ohr, um das Brechzentrum im Hirn zu blockieren. Danach ist die Übelkeit weg – dafür ist man aber auch leicht benommen. Das bewirkt übrigens ein Schnaps auch. Der macht aber mehr Spaß – und ist voll vegetarisch!

Und bei wem das alles nichts helfen will, dem sei gesagt: Ob Sie es glauben oder nicht, aber nach einer gewissen Zeit gewöhnt sich der Körper an das ständige Bewegtwerden. Denn der Zentralrechner rechnet dann diese Zusatzinformation des Gleichgewichtsorgans sozusagen »blind« mit ein. Womit wir wieder beim Ausgang wären: Seekrankheit beginnt im Kopf.

Ganz hartgesottene Seekrankheitsbefürchter bekommen hier den ultimativen Tipp, was sie dagegen tun können. Er stammt von einem sehr alten Seebären und ist unwiderruflich richtig: »Sie können sich am besten vor Seekrankheit schützen mit einem Waldspaziergang!«

Stabilisatoren

Dass die Stabilisatoren gleich hinter »Seekrankheit« kommen, hat seinen Grund. Ihre Existenz sorgt nämlich dafür, dass Schiffe weniger in Bewegung sind – also nicht vorwärts, sondern rauf und runter.

Die Stabilisatoren befinden sich unter der Wasseroberfläche am Bauch des Schiffes und sehen im ausgefahrenen Zustand aus, als ob das Schiff an jeder Seite einen kleinen Stummelflügel hätte. *(Wie Flugzeugflügel. Nur sehr viel kürzer.)* Und ihre Wirkung ist genau umgekehrt zu der des Flugzeugs: Helfen Flügel dem Flieger abzuheben, bleibt das Schiff dank der Stabilisatoren im Wasser und fährt dortselbst wie auf Schienen. Vergleichbar mit der Wirkung des Spoilers beim Auto. Der drückt das Auto ja auch auf die Straße. Eine segensreiche Erfindung also, weshalb man dem Erfinder bei jeder Fahrt ein kurzes Ständchen bringen sollte.

Bei plötzlich auftretenden größeren Wogen kann es aber sein, dass sich das Schiff trotzdem bewegt – also rauf und runter. So leisteten bei einer Nordseefahrt die Stabilisatoren zwar gute Arbeit, was aber die Mehrheit der Passagiere nicht davon abhalten konnte, die damit verbundenen maritimen Erfahrungen in ihrer Kabine allein zu erleben. Und so saßen einige unentwegte Passagiere in einem weitgehend leeren Restaurant an wenig besuchten Tischen.

Eine ältere Dame, die schon viele Kreuzfahrten gemacht hatte und eindeutig seetüchtig war, saß allein an ihrem langen, aber leeren Tisch in ihrem Rollstuhl und ließ es sich schmecken – als eine lange und hohe Woge das Schiff mittschiffs erwischte und den Bug langsam, aber stetig hob. Offensichtlich hatte die alte Lady bei ihrem Gefährt nicht die Bremse eingelegt und so begann ihr Rollstuhl loszufahren. Rückwärts. Den Gang zwischen den Tischen entlang. Und zwar mit zunehmender Geschwindigkeit. Und während die alte Dame noch Messer und Gabel in den Händen hielt, sauste sie rückwärts dem Achterdeck entgegen – und der Maitre sowie zwei Kellner hinter ihr her. Als sie sie vor dem Zusammenprall mit der Wand eingeholt hatten, brandete – nein, nicht die nächste Welle heran – sondern Applaus der Erleichterung durchs Restaurant. Von den anderen unerschrockenen Mitessern. Als der Maitre die lachende alte Dame wieder an ihren Tisch zurückgerollt hatte, versicherte er sich mehrmals, ob die Bremsen von nun an auch wirklich festsaßen. Die alte

Dame, die sich anscheinend schon lange nicht mehr so gut amüsiert hatte, fragte den Maitre mit einem schalkhaften Lächeln: »Na, haben Sie meine Stabilisatoren jetzt richtig ausgefahren?«

Stiller Ozean

An was denkt der Cineast, wenn er »Balboa« hört? Genau! An einen gewissen Sylvester Stallone, der als Rocky Balboa verkleidet zu Trainingszwecken in grauem Sweatshirt durch jedes Wetter von Philadelphia läuft, einarmige Liegestützen macht und Rindfleischhälften im Schlachthaus mit den Fäusten traktiert, um wenig später im finalen Boxkampf irgendeinen bösen Gegner umzuhauen und selbst übel zugerichtet den Ring zu verlassen. So zeigte Rocky Balboa – sogar als 60-jähriger Witwer – der Welt noch mal, was ein richtiger Sieger ist.

An was denkt der Geograf, wenn er »Balboa« hört? Genau! An einen noch schlimmeren Haudegen namens Vasco Nuñez de Balboa. Er war ein spanischer Konquistador anfangs des 16. Jahrhunderts, der auf Haiti lebte und sich auf der Flucht vor seinen Gläubigern als blinder Passagier auf einem Schiff einschmuggelte. Auf hoher See wurde er entdeckt, zettelte sogleich eine Meuterei an, übernahm die Führung des Schiffes *(da-*

mals ging so was anscheinend ohne große Vorkenntnisse) und segelte an die Nordküste Kolumbiens. Von dort führte er eine Militärexpedition zum Auffinden des sagenhaften Eldorados an. Er startete mit 190 Soldaten und Hunderten von Indios. Nach drei Wochen waren nur noch 69 Soldaten übrig *(den Zustand der Indios erwähnt die Geschichtsschreibung nicht)* – der Rest war im Dschungel an Malaria, Kämpfen mit Einheimischen, Feuerameisen (und wer weiß was) elendiglich verreckt. Eine weitere Woche später stand Balboa vor einem Berg, den er als Erster und Einziger bestieg, um von dort oben – es war der 25. September 1513 um elf Uhr vormittags – als erster Spanier, Weißer und »Christ« ein gewaltiges Meer zu sehen. In Tat und Wahrheit war es zwar nur der Golf von San Miguel, an dem heute Panama City liegt, aber er war unbestritten Teil des Stillen Ozeans, dem Herr Balboa den Namen »Südmeer« gab. Ferdinand Magellan nannte ihn sieben Jahre später etwas unpräzise »Stiller Ozean«. Denn dieses Gewässer ist nur in sehr seltenen Fällen still und ruhig. Meist gehen da nämlich die Wogen hoch. Damit ist nicht die Hurrikan-Saison gemeint und auch nicht die immer wieder auftretenden Tsunamis, sondern das ganz normale windige Geschehen auf diesem größten aller Ozeane. Er bedeckt gut ein Drittel der gesamten Erdoberfläche, breitet den Mantel gigantischer Wassermassen über die Nahtstellen verschiedener Kontinentalplatten aus und weist die tiefsten Stellen auf, die es auf unserem blauen Planeten unter Wasser gibt. Und darüber weht der Wind – und bewegt die Wellen. Deswegen erscheint Mark Twains Vorschlag, ihn »Rauer Ozean« zu nennen, sehr realistisch – zumal er ihn nicht als »stürmisch« bezeichnet wissen will, sondern als »wechselhaft und unwirtlich und eben sehr rau«. Und damit liegt der Autor von »Post aus Hawaii« sehr richtig. Denn Mark Twain war schon immer ein Meister der präzisen Beobachtung. Auch was Herrn Balboa betrifft *(den geografischen, Sie wissen schon)*. Für den erfand er den Namen: »Balboa-Constrictor«, sozusagen als menschliche Wahrheits-Würgeschlange. Aus dem Auffinden von »Eldorado« ist bei Herrn Balboa übrigens nichts geworden.

Und bei alldem fragt sich der am Stillen Ozean lebende Eingeborene bis heute, warum die Weißen davon reden, sie hätten den Stillen Ozean »entdeckt«. Der war doch schon immer da!

Tagesprogramm

Es gibt Passagiere, die sich für jedes neue Schiff im Internet erst mal die Deckpläne anschauen: Wo ist unsere Kabine? Wo die Restaurants? In welchen speist man inklusive, bei welchen muss man extra zahlen? Wo ist der Spa-Bereich, die Sauna, das Theater, die Bibliothek, der Pool, die Kletterwand und und und. Das ist eine hilfreiche Vorbereitung, um sich an Bord auf den verschiedenen Decks und im Bauch des Schiffes zurechtzufinden. Und ein guter Plan für den ersten Tag an Bord: Machen Sie sich auf Erkundungsreise durch Ihr Schiff. Das ist herrlich. Sie werden fantastische Ecken entdecken. Und in Ihrem Kopf wird sich eine neue Welt formen, die dann in Ihnen als Ihr Schiff weiterexistiert.

Und seien Sie nicht enttäuscht, wenn Sie sich bei dieser Erstbegehung und Erkundung verlaufen. Denn Sie werden sich verlaufen. Nicht nur auf Deck, sondern vor allen Dingen unten drunter – in den vielen Gängen des Schiffes. Denn naturgemäß gilt, dass man sich auf großen Schiffen häufiger verläuft als auf kleinen. Obwohl das nicht ganz richtig ist: Man verläuft sich nicht »häufiger«, sondern es dauert länger, bis man wieder auftaucht. Aber das kann wunderbar sein, wenn man folgende wichtige Faustregel beachtet: Vergessen Sie dabei nicht zu lachen! Denn: Ihr Schiff wurde gebaut, damit Sie darauf Spaß haben!

Das gelingt besonders gut, wenn Sie sich nicht nur auf der Entdeckungstour, sondern im ganzen Urlaub auf See mehrmals täglich gestatten, überrascht zu sein. Das ist nämlich ein höchst effektiver Motor für Erholung schlechthin.

»Sich überraschen lassen« heißt doch nichts anderes als zuzugeben, nicht alles zu wissen – und deshalb neugierig sein zu dürfen. Und Neugier geht davon aus, dass es Dinge gibt, die man noch nicht kennt, die aber kennenswert sind. Neugier ist also eine Öffnung des Geistes Neuem gegenüber. Eine Haltung, die an Land im Alltag manchmal zu kurz kommt. Und das ist schade. Denn Neugier hält jung!

Und damit Sie sich auch darauf freuen können, von welchen Ereignissen an Bord Sie sich demnächst überraschen lassen können, gibt es das Tagesprogramm. Täglich neu. Am Abend. Für den nächsten Tag. Da finden Sie, wann wer was wo machen wird. Von Lektorenlesungen über Tanzstunden, Tauchkurse, Brückenführungen und Fitnessstunden bis zum Ärztetreff, indischen Spa-Stunden und Kletterwandinstruktionen samt Saunasitzungen und Jetstream-Strudelungen.

Schon bei der ersten Lektüre wird klar: Wer das Tagesprogramm komplett abarbeiten will, sollte schon mal eine Kur für die Zeit danach ins Auge fassen. Diagnose: Erschöpfung. Denn es gibt ja auch noch die angefahrenen Häfen *(siehe dort)* zu besichtigen. Deshalb gilt: Mithilfe des Tagesprogramms eine Auswahl treffen und sich überraschen lassen. Sonst kommen Sie zu nix. Versprochen.

Tender

»Tender is the night«, überschrieb F. Scott Fitzgerald seine autobiografische Novelle über ein glamouröses Paar, das dem süßen Leben an der Côte d'Azur samt Alkohol verfallen war. Diese Novelle gehört zur Top Hundred der englischsprachigen Weltliteratur und hat nichts, aber auch gar nichts mit dem zu tun, was hier gemeint ist.

Mit »Tendern« ist auch nicht das gemeint, was früher die Heizer in den alten Dampflokomotiven tun mussten, wenn sie die Kohle aus den Kohletendern heraus- und in den Heizkessel der Lokomotive hineinschaufelten.

»Tendern« bezeichnet auf einem Kreuzfahrtschiff den Pendelverkehr zwischen dem Mutterschiff und dem meist entfernt liegenden Ufer respektive Hafen mithilfe von Beibooten. Getendert wird, wenn der Hafen nicht den notwendigen Tiefgang für das Kreuzfahrtschiff aufweist. Dann bleibt es draußen auf dem

Meer – »auf Reede« – und die kleinen Zodiacs *(➢ siehe »Z wie Zodiac«)* düsen die Passagiere an den Strand oder die größeren Tenderboote fahren sie in den Hafen.

Tendern ist bei vielen Passagieren sehr beliebt, gibt es einem doch das Gefühl von Seefahrt und Abenteuer, wenn man in das zwar wackelige, aber untergangssichere Rettungsboot einsteigt, um in kleinen Portionen an Land geschaufelt zu werden. Das fördert mehr das Gefühl, Seemann zu sein, als wenn man einfach via Gangway vom Schiff direkt auf den festen Grund des Hafens stiefelt.

Bei Luxusjachten wie der »Britannia« – der ehemaligen Privatjacht der Königin von England – kann ein solches Tenderboot übrigens sowohl in Größe als auch Komfort eine Klasse erreichen, die unsereins bereits als ausgewachsene Luxusjacht ansehen würde. Dabei ist es nur das kleine Beiboot. Aber gekrönte Häupter leben nun mal nach der Devise: »Tender is my life«.

Trinkgeld

»Inkl. Trinkgeld«? Na, na, na! Da schwafelt jeder Bankerlümmel was von leistungsgerechter Honorierung, und wenn's darum geht, den guten Geistern einer Kreuzfahrt für ihre exzellenten und liebenswerten Leistungen zu danken, dann gibt es »Fragen«?

Andererseits gibt es Leute *(»Passagiere« oder »Gäste« wollen wir sie erst gar nicht nennen)*, die haben noch nicht mal »Fragen«. Die gehen einfach mit Wichtigkeit zu dem großen Briefkasten respektive Sparschwein an der Rezeption, wo man seinen Obulus »für alle« deponieren kann, holen an diesem zentralen Ort, wo sie jeder sehen kann, einen Briefumschlag aus der Jackentasche und stopfen ihn mit dankbarer Miene in den Schlitz. Beim Öffnen der Briefumschläge stellt sich dann mehr als einmal heraus, dass gerade die so demonstrativ platzierten Umschläge leer sind. Woher man das weiß? An dem Tag der Reise, an dem die Trinkgelder vergeben werden, sind alle Angestellten so was von wach, dass sich bei ihnen auch die kleinsten Details und Wiedererkennungsmerkmale ins Gehirn einbrennen.

Ein anderer Zeitgenosse, der mit vierköpfiger Familie angereist war, die *(richtig teure)* Butler-Suite bewohnt hatte und sehr viel Aufmerksamkeit vom Service in den Restaurants bekommen *(und auch eingefordert)* hatte, kam am Ende einer zweiwöchigen Reise, bedankte sich überschwänglich bei seinem Kellner und drückte ihm jovial lächelnd 20 Euro in die Hand. Der »Haushaltsvorstand« einer vierköpfigen Familie. Für 14 Tage dreimal täglich essen im Restaurant. Wissen Sie, wie viele Teller man da schleppen muss – bei mehrgängigen Menüs? Es gibt aber auch Gäste, die 20 Prozent ihrer gesamten Reisekosten als Tip in die Gemeinschaftskasse der Mannschaft legen – und als Top-Repeater auf der Wunschliste der Crew ganz oben geführt werden.

Mit anderen Worten: Jeder Servicemitarbeiter aus Restaurant und Kabinen kann Ihnen die tollsten Geschichten über Mitreisende erzählen. Tut aber keiner. Weil sie »gentle men« und »gentle ladies« sind. Und schweigen. Selbst wenn sie zum seelischen Ausgleich manchmal in die Auslegeware beißen möchten und stattdessen Handtücher würgen, bis ihnen die Augen hervorquellen. Den Handtüchern.

Und was soll man nun geben, wenn man nicht so ein Knauserkopp sein will?

»Keep it private and simple!« Ich bin ein Freund von »persönlichen Zuwendungen«, also direkt an den, der einen guten Job gemacht hat.

Wer den Frauen und Männern im Hintergrund auch einen Tip geben will: Ab damit in einen Briefumschlag und an der Rezeption abgeben. Dieses Geld wird dann eingesetzt für Mannschaftspartys oder gemeinsames Essengehen an Land. Wird dagegen das Geld einer einzelnen Person übergeben, darf sie es selbst behalten.

Und wie hoch soll man tipen? Je höher, je lieber. Budgetgebeutelte liegen mit folgenden Grenzwerten weitgehend richtig:

1. für die Kabinenperle, die immer das Bettchen richtet und alles in Schwung und schön hält: 3*** – 7***** €/Tag & Person (von einem *** = 3-Sterne- bis zum ***** = 5-Sterne-Schiff).

2. für den Ober im Restaurant: 5***– 10***** €/Tag,

3. für den Runner (der die leeren Teller im Restaurant abräumt): 3*** – 5***** €/Tag

4. und für den Sommelier oder die Sommelière: 4*** – 8***** €/Tag.

Besonders Ängstliche, die befürchten, von der Gegenleistung ihrer finanziellen »Wohltat« nicht genug zurückzubekommen, dritteln den Tip: ein Drittel anfangs, ein Drittel in der Mitte und den Rest am Ende.

Manche Schiffe (besonders die US-Dampfer) buchen 8 bis 10 €/Tag am Ende der Reise (als General-Sammel-Tip für alle) automatisch auf die Bordrechnung mit drauf. Wer das nicht will, muss das rechtzeitig an der Rezeption bekannt geben. Manche Schiffe wie die AIDAs sind ohnehin inkl. Trinkgeld – wobei sich niemand wehren wird, wenn er dennoch bedacht wird.

Ein langjähriger Weltreisender aus Österreich hat dem Autor einmal seine Sicht dieses Themas mit typischem Wiener Schmäh vorgetragen: »Für solche Fälle habe ich immer ›kleine Scheine‹ von 5–10 Dollar in der Tasche, die ich während der ganzen Reise freundlich verteile. Das sichert mir einen anhaltend aufmerksamen Service und freundliche Gesichter in meiner Umgebung. Bitte, ICH muss doch in diese Gesichter schauen.

Und da schaue ich lieber in freundliche als in verbissen höfliche. Schließlich ist es MEINE Weltreise. Oder?«
Wie recht er hat!

Umwelt

Der legendäre Bundeskanzler Helmut »Birne« Kohl hat einmal gesagt: »Wichtig ist, was hinten rauskommt.« Das gilt auch für Kreuzfahrtschiffe. Womit wir zielstrebig beim Thema »Umwelt« sind. Ja sogar sein müssen. Denn wenn 300, 1000 oder 3000 Menschen auf einem übersichtlichen Raum wie einem Schiff komprimiert werden, entstehen Stoffe, die man nicht einfach ins Meer verklappen kann. Also rein physikalisch geht das natürlich schon, aber moralisch und ethisch nicht.

Was also tun mit den Endergebnissen luxuriösen Speisens und Reisens? Wie zu Hause: Erst trennen, dann entsorgen. Hier ein paar Fakten zu diesem Thema:

✵ Kreuzfahrtgäste sind ein durstiges Völkchen. Das ist bekannt. WIE durstig, wollte eine Reederei wissen und sammelte auf ihren derzeit neun Schiffen alle leeren Getränkedosen. Wissen Sie, wie viel dabei rausgekommen ist? In einem Jahr? 50 TONNEN Aluminium. Nur aus Dosen! Überlegen Sie mal, wie leicht diese Aluhüllen sind. Und dann 50 Tonnen. 50000 Kilogramm. Da müssen ganze Stauseen an Cola, Bier und

Softdrinks durch die Kehlen der Passagiere fließen. Wie auch immer: Das Aluminium wird an Bord gesammelt, gepresst und in dafür geeigneten Häfen »versilbert«.

✵ Ähnlich ist's mit dem in den Küchen gesammelten Fett. Bei der Messung ergaben die neun Schiffe 75 Tonnen im Jahr.

✵ Alle Plastikverpackungen und nicht recycelbaren Stoffe werden an Bord ebenfalls zu stapelfreudigen Würfeln gepresst und in den anzulaufenden Häfen entsorgt.

✵ Die vielen Tonnen Papier aus Verpackungen und Kartonagen werden dagegen sofort sinnvoll genutzt: In der schiffseigenen Müllverbrennungsanlage wird Energie aus ihnen.

✵ Das anfallende Abwasser wird in einer Kläranlage, die den Standards von kommunalen Klärwerken an Land entspricht, aufbereitet und für die morgendliche Reinigung der Schiffsaußenhaut eingesetzt.

✵ Allein die vielen Millionen Flaschen machen keine große Mühe. Sie werden zertrümmert und fein gemahlen, um dann als Glassand im Meer verklappt zu werden. Dies ist gestattet, weil dieser Glassand strukturell vergleichbar mit Quarzsand ist – also dem natürlichen Material ähnlich, aus dem auch Glas geschmolzen wird.

✴ Das ist der Standard! Es gibt aber Regionen, wo das nicht genug ist. Die Antarktis ist so ein Gebiet. Denn die Antarktis soll so bleiben, wie sie ist. (➢ *Mehr dazu unter »Destinationen« und »Antarktis«*)

Für jedes Schiff gilt übrigens in Sachen Umweltschutz: Je jünger es ist, umso effektiver und ökologischer ist es. Bei vielen Schiffen wird zum Beispiel ein supermoderner Anstrich für den unter Wasser befindlichen Teil des Rumpfes eingesetzt: Er verhindert das Ansetzen von Algen und Muscheln, enthält keine toxischen Substanzen und reduziert den Treibstoffverbrauch um sechs Prozent.

Na bitte. Geht doch!

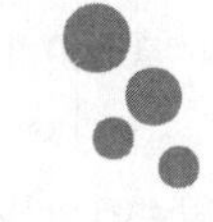

Vakuumtoilette

Jedermann weiß, dass der deutsche Mensch anders ist als andere. Das hört man schon daran, wie er sich Luft macht, wenn ihm etwas nicht gelingt: Er benutzt Kraftausdrücke. Das tun Angehörige anderer Kulturen zwar auch, aber die Thematik ist eine andere. Während im mediterranen Raum beispielsweise eher die Kraft beim Ausdruck aus dem Bereich der Sexualität kommt, stammt sie beim deutschen Menschen eher aus der Region, die rückwärts von seinen Sexualorganen liegt. Wenn im deutschen Sprachgebrauch etwas danebengeht, wird meist das Letzte aus dem körpereigenen Verwertungsprozess lebensnotwendiger Nahrungsmittel beim Namen genannt.

Diesem Sachverhalt Rechnung tragend – gepaart mit der latenten Neigung des deutschen Mannes zum Ingenieurswesen –, stößt die Vakuumtoilette in seiner Kabine bei ihm prinzipiell auf ein gewisses Interesse. Das wird noch dadurch intensiviert, dass diese Vakuumtoilette keineswegs lautlos oder mit einem romantischen Wasserrauschen arbeitet. Ganz im Gegenteil. Sie produziert ein Aufmerksamkeit absorbierendes, absolut infernalisches Getöse, wenn sie mit dionysischen

Saug- und Schmatzgeräuschen ihre Aufgabe erledigt. Wenn man zum ersten Mal diese phantasmagorische Kakophonie hört, schießen einem Bilder von gigantischen Höllenschlunden durchs Hirn und lassen Vermutungen aufblitzen, die ein neptunisches Ungeheuer am Werke sehen, das sich beunruhigenderweise mitten unter einem aufhält. Unser achtjähriger Sohn hat sich bei unserer ersten Kreuzfahrt nicht getraut, sich auf »dieses Ding« zu setzen, weil er Angst hatte, mit abgesaugt zu werden. Und wenn nach getaner Arbeit das »Monster« verstummt, befürchtet man nur, die Ruhe vor dem Sturm zu erleben. Was auf einem Schiff keine wirklich angenehme Assoziation ist.

Neben diesen spektakulären Arbeitsgeräuschen fördert ein weiterer Umstand das Interesse des deutschen Mannes an diesem »Sitzplatz«: Um die Arbeit hinreichend erfolgreich zu vollstrecken, muss der Deckel der Toilette nämlich geschlossen werden! Damit ein ordentlicher Unterdruck entsteht, der alles wegputzen kann.

Nun passiert es aber immer wieder, dass dieses Wunder an Saugkraft verstopft. Nicht in der eigenen Kabine *(natürlich!)*, sondern nebenan. Das erkennt man daran, dass das infernalische Getöse ausbleibt und nur ein schüchternes Röcheln zu vernehmen ist. Dann heißt es zum Hörer des kabineneigenen Telefons zu greifen, um via Rezeption Hilfe anrücken zu lassen. Die Jungs vom »Chief« *(➢ siehe »Crew«)* widmen sich dann umgehend diesen »Leitungsfragen«. Mit welchen geheimen

Kniffen und Tricks sie dabei arbeiten, will man gar nicht wissen.

Wenn man dann allerdings fragt, was eigentlich die Ursache dieser Verstopfung war, kann man nicht umhin, den Kopf zu schütteln: Ganze Slips finden sich da, Nagellackfläschchen, ja selbst 50 Wattestäbchen en Block (!) werden da gefunden. Da stellt sich dem nachdenklichen deutschen Hobbyingenieur die Frage, wie die da reinkommen. Und schon entwickelt er interessante Thesen, die dann bei einem Bier mit anderen deutschen Hobbyingenieuren besprochen werden: »Vielleicht entwickelt die Vakuumtoilette ja bei nicht verschlossenem Deckel eine solche Anziehungskraft, dass sie die erwähnten Gegenstände einfach vom nahe gelegenen Waschtisch wegsaugt?« Hm.

»Oder vielleicht ist nachts ein schlaftrunkener Passagier ohne Licht auf den Thron gestiegen, vergaß nach getaner Erleichterung den Deckel zu schließen, drückte den Spülknopf und erschrak ob des infernalischen Getöses so sehr, dass er das Nagellackfläschchen der Gnädigsten vom Waschtisch fegte, das in den gierigen Schlund fiel und dann feststeckte?« Hmhm.

»Oder war es viel einfacher und ein unkundiger Gast hat den Begriff ›Toilettenartikel‹ zu wörtlich genommen?«

Wie auch immer. An der Länge dieses Beitrags erkennen Sie: der Autor ist Deutscher. Und dass Sie deutsch sind, erkennen Sie daran, dass Sie die ganze Passage gelesen haben.

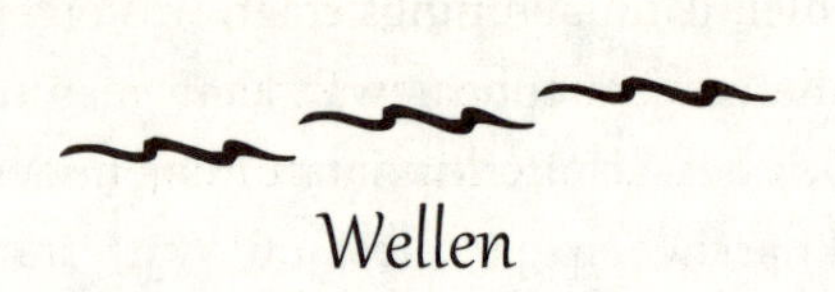

Wellen

Die Welle an sich ist eine lästige Erscheinung und muss bei der Seefahrt billigend in Kauf genommen werden. Sie besteht aus einem Wellenberg und einem Wellental, was zur Folge hat, dass ein Körper, der auf dem Wasser schwimmt und dort einer Welle begegnet, erst den Wellenberg hinaufgespült wird, um auf der anderen Seite ins Wellental hinabzugleiten, dann wieder auf den Wellenberg hinaufzurutschen und wieder hinunter. Das nennt man einen »Spielball der Wellen« und erzeugt eine Bewegung, die manche Menschen stört.

Damit das so wenig wie möglich auf einem Schiff passiert, hat es einen starken Motor, mit dem es seine Vorwärtsbewegung verfolgt und dadurch eine gewisse Stabilität in der Bewegung erzeugt.

Wem das trotzdem auf den Magen schlägt, dem sei in Erinnerung gerufen, was der Wikipediaautor so richtig zusammenfasst: »Der Ausdruck Seegang (fälschlich auch: ›Wellengang‹) bezeichnet im Allgemeinen eine Oberflächenerscheinung der Ozeane und Meere in Form von Wellen.« Genau! Es ist alles nur eine Oberflächenerscheinung. Wie sie entsteht und wodurch, ist dem Passagier letztlich wurscht. Entscheidend für ihn ist, wie stark der Wind weht, der die Wellen erzeugt, und wie sich die Wellen auf die Bewegung seines Schiffes auswirken. Und derer gibt es drei – den drei Richtungen des dreidimensionalen Raumes folgend.

Natürlich hat der Seemann dafür eigene Ausdrücke:

Stampfen = bezeichnet die Bewegung um die Querachse. Wenn das Schiff mit dem Bug rauf- und dem Heck runtergeht und das immer wieder. Dann stampft es.

Rollen = bezeichnet die Bewegung eines Schiffes um seine Längsachse. Wenn also mal die Backbordseite höher ist als die Steuerbordseite und wechselt.

Gieren = bezeichnet die Bewegung um die vertikale Achse, wenn das Schiff also rhythmisch eine Bewegung nach links und dann nach rechts und wieder zurück vollführt.

Das Ganze wird durch die Tatsache undurchsichtiger gemacht, dass stampfen, rollen und gieren nicht immer nur allein auftreten, sondern sich addieren und ergänzen können. So schlingert das Schiff, wenn es gleichzeitig rollt und stampft.

Wie stark der Seegang die Bewegung des Schiffes beeinträchtigt, hängt natürlich von der Höhe der Wellen ab, die auf das Schiff treffen.

Wie man diese Stärke von der Oberfläche aus einschätzen kann, hat der deutsche Kapitän Peter Petersen *(das ist kein Pseudonym)* in seiner Seegangsskala zusammengefasst.

Während Sir Francis Beauforts Windstärkenskala bereits im Jahre 1837 anerkannt war, hatte Peter Petersen seine Seegangsskala erst 1927 veröffentlicht. Sie ist allerdings seit 1939 international üblich und durch die Weltorganisation für Meteorologie eingeführt. Hier ist sie:

Seegangsskala nach Petersen

Stärke	See	Wellen	Windstärke
0	Glatt	keine	0
1	Ruhig	gekräuselt	1
2	Schwach bewegt	kurz	2/3
3	Leicht bewegt	klein, Schaumköpfe	4
4	Mäßig bewegt	lang, Schaumköpfe, brechend	5
5	Grobe See	groß, Schaumkämme bilden größere Schaumflächen	6

Stärke	See	Wellen	Windstärke
6	Sehr grobe See	brechend	7
7	Hohe See	Wellenberge, Gischt, Schaumstreifen, rollend	8
8	Sehr hohe See	Wellenberge mit langen brechenden Kämmen, See weiß von Schaum	9
9	Außergewöhnlich schwer	Wellenberge, Schiffe verschwinden in Wellentälern, See weiß von Schaum	10, 11, 12

Quelle: http://de.wikipedia.org/wiki/Seegang

(➢ Wen die Geschichte der Windstärkenmessung interessiert, für den gibt es ein sehr unterhaltsames Buch im mare Verlag: »Die Sprache des Windes«, von Scott Hurler)

Weltmeere

Schiffe fahren über die sieben Weltmeere. Klar. Aber welches sind eigentlich die sattsam zitierten »Big Seven«?

Mal wie Günther Jauch durch logisches Denken an die Sache rangehen: »WELTmeer« sagt ja was aus über die Sicht auf das, was man »Welt« nennt. Und das verändert sich im Laufe der Jahrhunderte. Genau.

Besonders wenn man im Laufe der Zeit zuerst von einer Welt als Scheibe ausgeht, mit dem Mittelmeer im Zentrum. Stichwort »Römer«.

Super!

Und wenn dann wegen Columbus, Magellan und Amundsen weitere Erdteile entdeckt werden, verändert sich's noch mal.

Bravo!

Unterschiede zu verschiedenen Zeiten müsste es also geben – aber welche?

Die Auflösung finden Sie auf der nächsten Seite.

I. Die sieben Weltmeere drehten sich bei den Römern und Griechen hauptsächlich um ihre Welt – und die lag bekanntlich um unser heutiges »Mittelmeer« und umfasste deshalb das

1. Ionische Meer
2. Ligurische Meer
3. Tyrrhenische Meer
4. Adriatische Meer
5. Ägäische Meer
6. Schwarze Meer
7. Mittelländische Meer

II. Die sieben Weltmeere zu Zeiten der großen Entdeckungen (1650) umfassten

1. Atlantik
2. Nordpolarmeer
3. Indischer Ozean
4. Pazifischer Ozean
5. Mittelmeer
6. Karibik
7. Golf von Mexiko

III. Und die sieben Weltmeere der heutigen Seeschifffahrt sind:

1. der Atlantische Ozean (Atlantik),
2. der Indische Ozean (Indik),
3. der Pazifische Ozean (Pazifik),
4. das Arktische Meer (Nordpolarmeer),
5. das Amerikanische Meer (Karibisches Meer und Golf von Mexiko),
6. das Australasiatische Meer (begrenzt von den Sunda-Inseln, Australien, Neuguinea, den Philippinen und dem asiatischen Festland),
7. das Europäische Mittelmeer

Und auf allen cruisen die Luxusliner in hellem Sonnenscheine.

Zodiac

An Bord eines Schiffes ist mit »Zodiac« nicht die Summe aller Tierkreiszeichen gemeint, sondern ein Schlauchboot mit Außenbordmotor. Es ist schwarz und hat einen mit Luft aufgeblasenen Wulst, auf dem die Gäste sitzen. Diese Zodiacs sind die schwimmenden Untersätze, mit denen echtes Abenteuergefühl hergestellt wird. Leicht, elastisch und wendig kann man mit ihnen an den flachsten Stellen, den abgelegensten Lagunen und einsamsten Buchten anlanden, während der große Pott mit sechs Metern Tiefgang an der Ankerkette bleibt.

Gefahren werden die schwarzen Gummihobel von ausgebildeten Crewmitgliedern. Dazu zählte auf der Reise eines Expeditionsschiffs in die Antarktis auch der Hot.Man (➢ siehe »Crew«). Er war für einen Kollegen auf einem Schwesterschiff der Reederei eingesprungen, hatte dafür auf seinen Landurlaub verzichtet und war inzwischen seit zehn Monaten an Bord bei der Arbeit. Nun schien die Sonne herrlich warm. Millionen von Sonnenstrahlen schimmerten auf dem dunkelgrünen Meer. Eisschollen trieben an ihm vorbei. Der Himmel war wolkenlos dunkelblau. Dazwischen die strahlend weiße Pracht der Eisberge. Und diese Stille. Sie war genau das, was er nach dieser Zeit harter Arbeit an Bord jetzt brauchte. Und so setzte er sich in einen Zodiac, meldete sich via Funk bei den anderen Zodiacfahrern ab und wollte in dieser herrlichen Landschaft einfach für sich sein. »Ein leitender Offizier darf das«, dachte er bei sich und tuckerte durch die unberührte Eiswelt. Er nahm das Gas immer mehr weg und als er hinter einem kleinen Eisberg außer Sicht war, stellte er den Motor ganz ab, schaute versonnen in diese göttliche Landschaft und fühlte sich eins mit sich und der Welt. Dreihundert Meter entfernt tauchten zwei Wale auf, verbliesen ihre Atemluft und tauchten wieder unter. Stille machte sich breit. Er war glücklich.

Nun ist es in der Antarktis so, dass Pinguine die vorbeitreibenden Eisschollen gerne als Zwischenstopp nutzen, indem sie mit Schwung aus dem Wasser herausschießen – auf die Eisscholle drauf, und sich ein bisschen in der Sonne ausruhen. Ehe sie sich wieder zum Fischfang in die kalten Fluten stürzen.

Und genau das hatte auch ein Pinguin vor, als er aus dem Wasser schnellte – und den Zodiac des Hot.Man mit einer Eisscholle verwechselte. Noch im Flug schaute er blitzschnell zur Seite und sah den völlig verdutzten Hot.Man an seinem stillen Außenborder sitzen. Der war noch ganz verzaubert von den Walen und völlig überrascht über den kleinen Kerl, der ihm da mit einem gewaltigen Satz aus den antarktischen Tiefen ins

Boot gesprungen kam. Der kleine Pinguin landete auf dem Bauch, rappelte sich hoch und schaute ihn neugierig an – den großen Mann im Daunenanorak. Und der schaute zurück – auf den kleinen Mann im Frack. Und beide waren irgendwie verzaubert. Der Große blieb einfach sitzen und schaute dem Kleinen zu, wie er damit begann, diese »schwarze Eisscholle« erst mal zu inspizieren. Er merkte schnell, dass er hier nicht so einfach runterkonnte, weil die Gummiwulst zu hoch war. Bleiben wollte er aber auch nicht, weil ihm das Ganze doch ein bisschen merkwürdig vorkam. Was der Hot.-Man genauso sah.

Nun ist man als Offizier eines Expeditionsschiffes natürlich in den Richtlinien der IAATO (»International Association of Antarctic Tour Operators«) geschult *(➢ siehe dazu »Antarktis« und »Destinationen«)*, die besagen: »Keine Tiere berühren oder ihnen niemals näher als fünf Meter kommen!« Was also tun? Den Sicherheitsabstand von fünf Metern konnte er knicken. Ihn anfassen und ihm helfen, ins Wasser zu kommen, auch. Und während er noch darüber nachdachte, ob er ihm mit einem Paddel eine Ausstiegshilfe herstellen könnte, wurde ihm klar, dass ihm niemand an Bord glauben würde, dass ein Pinguin in seinen Zodiac gehüpft war. Die Vermutung, dass er völlig überarbeitet sei und dringend nach Hause müsse, wäre wohl die Reaktion seiner Kollegen. Doch brachte ihn genau dieser Gedanke an die anderen auf eine Idee: Er betätigte sein

Funkgerät und bat um Verstärkung. Die ließ nicht lange auf sich warten und rauschte auch gleich mit Fotoapparaten an.

Der kleine Frackträger hatte inzwischen auch einen Ausweg gefunden, wie er diese merkwürdige Eisscholle verlassen könnte: Er hatte sich nämlich auf eine kleine Kiste raufgequält, die im Bug des Zodiacs stand. Von dort aus konnte er zumindest schon mal das Wasser sehen. Und gerade als die Fototruppe anrollte, stand der kleine Kerl vorne im Bug über dem Namenszug dieses Zodiacs: »Antarktis«. Die Apparate klickten, und nachdem der Pinguin so lange gewartet hatte, bis er ausgiebig fotografiert worden war, drehte er sich noch einmal zum Hot.Man um, warf ihm einen letzten Blick zu und sprang mit einem kühnen Kopfsprung ins kalte Wasser. Und der Hot.Man, der eigentlich sonst ein harter Bursche ist, hatte eine winzig kleine Träne im Auge. Natürlich von der Kälte, versteht sich.

Das Foto mit dem kleinen Kerl im Zodiac über dem Schriftzug »Antarktis« machte nicht nur auf dem Schiff die Runde, sondern wanderte umgehend in den nächsten Katalog. Und keiner wollte glauben, dass dieses Bild nicht gestellt war. In der Reederei bekam der Hot.Man daraufhin den Beinamen »Der Mann, dem die Pinguine vertrauen!«.

Ship, ship, hurra!

Zum Schluss

7 Ratschläge für Kreuzfahrten in einem Satz

✵ Packen Sie die Hälfte von dem ein, was Sie zu brauchen glauben, dafür doppelt so viel Geld.

✵ Einmal an Bord, schalten Sie für den Rest der Reise das Handy aus. Sie sind auf einem anderen Planeten.

✵ Konzentrieren Sie sich auf die schönen Momente der Reise und lassen Sie sich durch Kleinigkeiten nichts vermiesen. Und unter »Kleinigkeit« sollten Sie alles verstehen, wozu man nicht die Hilfe eines Arztes oder der Polizei braucht.

✵ Wenn Sie an Bord verloren gehen *(und sie werden verloren gehen)*, vergessen Sie nicht, dabei zu lachen!

✵ Versuchen Sie nicht mehr als fünfmal am Tag zu essen!

✵ Gehen Sie nachts an Deck und genießen Sie die Sterne über sich.

❋ Schreiben Sie ein Bordbuch.
Es hat den Vorteil, dass man sich abends alles in Erinnerung rufen muss, was man am Tage erlebt hat. Und Monate danach die schönen Momente »noch mal« nacherleben kann.

Und nicht vergessen:
Kreuzfahrten sind wie Kartoffelchips – eine ist nicht genug.

Epilog

Woran man merkt, dass man nicht mehr auf dem Schiff ist:

✷ Sie werden wach, ohne dass die Ankerkette rasselt, in völliger Stille. Sie öffnen die Augen, räuspern sich und … es kommt keine Durchsage des Kapitäns mit einer genauen Positionsangabe.

✷ Sie gehen zum Vorhang, ziehen ihn auf und draußen steht schon wieder das gleiche Haus mitsamt der Tanne im Garten.

✷ Sie steigen über keine Schwelle in das Bad und die Toilettenspülung reißt Sie nicht aus Ihren Gedanken, sondern ist nur ein verträumtes Rauschen.

✷ Es steht kein Wagen mit frischer Bettwäsche, sauberen Handtüchern und vielen kleinen Seifenstückchen mitten im Flur und kein Philippinamädchen ruft Ihnen ein fröhliches »Good Morning« zu.

✵ Sie schlurfen statt an dreißig Türen nur an zweien entlang.

✵ Im Raum, wo es das Frühstück gibt, ist es menschenleer. Überhaupt gibt's da gar nichts: Es liegt keine weiße Tischdecke auf dem Frühstückstisch, kein Kaffeeduft zieht durch den Raum, nirgendwo liegt frisch geschältes Obst und die Wurst befindet sich in Kunststofffolie eingeschweißt in einem weißen Schrank, der innen sehr kalt ist.

✵ Die Tageszeitung besteht nicht aus vier Seiten, sondern ist richtig dick.

✵ Sie gehen vor die Tür, ohne Ihre Bordkarte vorzuweisen, und nicht über eine steile Gangway, sondern »einfach so«.

✵ Vor der Tür spielt weit und breit keine Steelband einen Reggae und vor sich sehen Sie auch kein Schild »Bus 8«, dem sie nur hinterherzulaufen brauchen.

✵ Sie sitzen im Auto vorne – hinter dem Steuerrad. Sie müssen keinem einzigen Eselskarren ausweichen. Die Tiere, die Sie sehen, sind Kühe.

✵ Wo Sie aus dem Auto steigen, wird von Ihnen erwartet, dass SIE arbeiten müssen.

✵ Am Abend singt niemand live. Stattdessen gibt's die Tagesschau.

✵ Sie haben Durst. Keiner bringt Ihnen einen Cocktail. Sie müssen ihn sich selber schütteln.

✵ Die Betten, die Sie am Morgen aufgewühlt verlassen haben, sind abends immer noch aufgewühlt. Und auf dem Kopfkissen liegt nicht ein winziges Stückchen Schokolade.

✵ Und trotz allem bewegt sich der Boden unter Ihren Füßen. *(Das wird sich erst nach einer guten Woche an Land legen und ist die Ursache für den »Seemannsgang«.)*

Mehr zum Meer

– und den Schiffen, die darauf fahren, finden Sie im Netz. (Nicht in dem zum Fischen, sondern in dem zum Lesen.)

Hier die Websites der Schiffe mit Bordsprache Deutsch, unter denen Sie viele Antworten auf Sachfragen finden. *(Die Lach- und Sachgeschichten finden Sie auf den Seiten zwischen den Buchdeckeln in Ihrer Hand.)*

Schiffe nach Größe geordnet	**Anzahl Kabinen**	**Adresse**
MS Bremen	82	www.hlkf.de
MS Hanseatic	92	www.hlkf.de
MS Berlin	176	www.fti-cruises.com
MS Europa	204	www.hlkf.de
MS Europa 2	258	www.hlkf.de

Schiffe nach Größe geordnet	Anzahl Kabinen	Adresse
MS Hamburg	349	www.plantours-partner.de
MS Deutschland	294	www.phoenixreisen.com
MS Astor	295	www.transocean.de
MS Amadea	300	www.phoenixreisen.com
MS Albatros	442	www.phoenixreisen.com
MS Artania	600	www.phoenixreisen.com
AIDAcara	599	www.aida.de
AIDAaura	633	www.aida.de
AIDAVita	633	www.aida.de
Mein Schiff 1–6	1912 –2894	www.tuicruises.com
AIDAbella	1025	www.aida.de
AIDAdiva	1025	www.aida.de
AIDAluna	1025	www.aida.de
AIDAblu	1097	www.aida.de
AIDAsol	1097	www.aida.de

Literaturtipps zum Thema Meer und Weite:

Cauer, Helmut, »Fernweh auf Schiffsplakaten – Glanzlichter maritimer Werbegrafik«, Koehlers Verlagsgesellschaft *(Einblicke in die Blütezeit der maritimen Werbegrafik)*

»Historische Schiffsplakate«, Delius Klasing Verlag *(wie bei Helmut Cauer herrliche alte Plakate – allerdings als heraustrennbare Seiten wie bei einem Kalender)*

Hurler, Scott, »Die Sprache des Windes«, mare Verlag

(Wunderbare Erzählung der eigentlich langweiligen Geschichte, wie man sich darauf einigte, die Windgeschwindigkeit zu messen)

Politycki, Mathias, »In 180 Tagen um die Welt«, mare Verlag

(Amüsantes Schiffstagebuch von der MS Europa)

Schalansky, Judith, »Atlas der abgelegenen Inseln«, mare Verlag
(Poetisch Verträumtes zum Thema Inseln)

Sobel, Dava, »Längengrad«, Berliner Taschenbuch Verlag
(Wie das Problem der Längengradmessung mit Fleiß und Genialität gelöst wurde – und der Entdecker von einer dünkelhaften Elite dennoch ausgebremst wurde)

Twain, Mark, »Post aus Hawaii«, mare Verlag, 2010, S. 19

Wallace, David Foster, »Schrecklich amüsant – aber in Zukunft ohne mich«, Kiepenheuer & Witsch
(Eine grandiose Darstellung des Bordlebens auf amerikanischen Cruise Ships. Seeehr unterhaltsame Lektüre)

Ward, Douglas, »Berlitz Complete Guide to Cruising & Cruise Ships«, Polyglott-Verlag
(Jedes Jahr neu, der »Schiffsmichelin« für alle Kreuzfahrtschiffe – auf Englisch)

Passengers Record

Name des Schiffes ....

Hafen seiner Registrierung..................................

KW der Maschinen (insgesamt) ....

Datum und Hafen des Reisebeginns...................

Datum und Hafen des Reisebeginns...................
Stationen der Reise ....

....

....

....

....

....

(Unterschrift des Kapitäns)

....

(Unterschrift des CD)

Danksagung

Bei den Vorarbeiten zu diesem Buch bin ich vielen großartigen Menschen begegnet – zu Wasser und zu Lande –, die mich in die Welt der Seefahrt einführten. Mit ihnen habe ich viele Tausend Seemeilen zurückgelegt. Sie haben mir als langjähriger Landratte geholfen, einige winzige Bereiche der Seefahrt zu verstehen und die Wonnen der Passagierfahrt auf wunderbare Weise zu erleben. Dafür möchte ich allen sehr herzlich danken. Auch wenn sie nicht wissen, wie sehr sie mir diese ganz andere Welt nähergebracht haben.

Besonders danken möchte ich in diesem Zusammenhang Heike Bingel, Daniel Felgner, Thomas Haas, Heinz Grillhofer und all den anderen guten Geistern, die ein Schiff zu einer Top-Reiseerfahrung machen. Dazu gehören auch sehr viele Passagiere, deren Begegnung ich sehr genossen habe.

Bei dem Vorgang, in dem sich die Idee zum Manuskript verdichtet, gilt mein besonderer Dank Hans-Peter Albrecht und Sibylle Terrahe für ihre Hinweise bei der Anfertigung des Manuskriptes und dem ermutigenden Zuspruch, auf dem richtigen Weg zu sein. Damit das Manuskript einen Verlag finden konnte, ist mein Agent Michael Meller mit unermüdlichem Optimismus für die Realisierung eingetreten. Cornelia von Borries danke ich für ihren guten Tipp *(sie weiß schon welchen)*. Ein großes Dankeschön auch an Thomas Harmstorf und seinen sachkundigen und ermutigenden Support. Und damit aus dem Manuskript ein Buch – und zwar dieses – werden konnte, danke ich Lutz Dursthoff und Helge Malchow, die das Potenzial in dem Stoff erkannt haben, Ulla Brümmer und Elisabeth Scharlach für die kreative Zusammenarbeit bei der Gestaltung des Buches und meiner Lektorin Stephanie Kratz für die unkomplizierte Zusammenarbeit.

Und last but not least gilt mein Dank den beiden Menschen, mit denen ich am liebsten über die sieben Weltmeere kreuze – meiner Frau und meinem Sohn.

Ihnen allen von Herzen Dank und ein salzhaltiges »Ahoi!«.

Verlag Kiepenheuer & Witsch, FSC®-N001512

7. Auflage 2018

Umschlaggestaltung: Rudolf Linn, Köln
Umschlagmotiv: © www.schiffsplakate.de
Gesetzt aus der Aldus
Satz: Felder KölnBerlin
Druck und Bindearbeiten: CPI books GmbH, Leck
ISBN 978-3-462-04506-2